Routledge
Taylor & Francis Group

大夏书系·培养学习力译丛

盛群力 主编

成功学生的20个好习惯

来自学习科学的证据

How to Be a Successful Student

20 Study Habits Based on the Science of Learning

[美]

理查德·E·梅耶 / 著

Richard E. Mayer

崔昕 等 / 译　盛群力 / 审订

华东师范大学出版社

ECNUP

全国百佳图书出版单位

·上海·

内容介绍

在本书中，国际学习科学顶尖专家理查德·E·梅耶根据30多年研究的积累，总结了有实证依据和明显效果的20种学习好习惯——包括四种动机好习惯（发现价值、设定目标、树立信念和应对威胁）、六种管理好习惯（规划时间、间隔留白、穿插交错、避免分心、消除焦虑和专心致志）和十种学习好习惯（复读澄清、划出重点、提前习得、善作小结、结构映射、绘制图示、自我检查、自我解释、乐于教人和具身体验）。梅耶在书中用代入场景、认知与习惯测试、论证说理、培养措施和行动建议等写作技巧，非常深刻而又通俗地说明了如何通过培养有效的学习好习惯以及避免无效的学习坏习惯来成为一名成功的学生。磨刀好砍柴，学习有策略，成功登山顶，掌握真本领——大学生和高中生完全可以自主阅读本书，广大教师和家长可以通过阅读本书指导学生（孩子）养成成功学习的好习惯。

目 录

Contents

第三部分　学习途径

前　言

你手头的这本书

　　你手头的这本书旨在帮助你成为一名成功的大学生。本书也许是有关你学业成功（或学会如何学习）课程或是学院提供的夏季衔接课程的一部分。无论如何，当你读完这本书的时候，你会拥有掌握大学课程所学知识所需要的工具。如果你想培养成为一名成功学生的学习好习惯，那么这本书一定适合你。

学会如何学习成了一门"隐性课程"

　　和世界上的许多国家一样，在美国，你应该在大约5岁时进入小学，在13年后读完高中。如果你像美国的大多数高中毕业生一样，那么下一步就是进入大学学习了。刚上大学时，你发现一直以来自己的大部分时间都是在学校里度过的，一直在磨炼让自己成为好学生的各种技能。在这个漫长的过程中，想必你应该知道如何学习了，但很少有人真正花时间教你如何学习。这就是学会如何学习被称为"隐性课程"的原因：它是课程的一部分，因此我们希望你学会；不过它也是隐性的，我们实际上并不会教会你如何学习。

从高中毕业进入到大学，应该让你有机会认识到自己在"学会如何学习"这一方面存在的差距。那些让你从小学到高中的学习中显得绰绰有余的学习技能，已经在大学学习取得成功中难以为继了，这就是本书的价值所在。

学习好习惯

本书的目标是帮助你提升成为成功学生的技能，即帮助你在学业中变得更加富有成效。成为一名成功的学生需要拥有协调的"学习好习惯"集合体，包括如何激励自己学习，如何管理学习环境，以及如何运用有效的学习策略等。在本书中，我总结了最喜欢的 20 种基于实证的学习好习惯——包括四种动机好习惯、六种管理好习惯和十种学习好习惯。我说明了如何通过培养有效的学习好习惯以及避免无效的学习习惯来成为一名成功的学生。几十年来，社区学院和四年制大学在学生学业成功（或学习如何学习课程）方面的需求不断增长，但有效学习策略的指导仍然属于隐性课程。也许你现在正在学习这样的课程。本书是我经过慎重选择后将这些有价值的信息公之于众的一种尝试，希望能帮助你不断追求并成为一名成功的学习者。

如何使用这本书？

　　本书旨在提供让大学生取得优异学业成绩的学习好习惯，帮助你成为更好的学生。你将学习 20 种助你成为好学生的学习好习惯，但你应该专注于最有吸引力的那部分学习好习惯，并与课程相结合，从而获得最大的助力。你要在课堂上试用这些习惯，不断加以调整以满足自己的需求。简言之，你可以挑选最好的习惯，通过不断操练，使其成为你自己的好习惯。总的来说，根据本书的三个部分内容，你可以采取三个步骤来充分利用本书。

　　第一步是培养提高学习技能的动机。本书第一部分为你提供了四种方法来培养学业成功所需的动力，即四种动机习惯。首先，花一些时间来理解为什么你希望成为一个更好的学生——这本书对我有什么价值？其次，明确你作为大学生的目标——你想更好地理解学习材料，想获得好成绩吗？第三，判断你是否通过努力学习本书可以提高学习技能——你有能力在课堂上学习这些材料吗？最后，面对消极的刻板印象——其他人的消极信念是否影响你作为学习者的方式？简而言之，本书第一部分的主要目标是帮助你培养对自己富有成效的信念。如果你能够看到自己所学东西的价值，并足够努力，你将成为充分掌握学习材料的有能力的学习者，这就表明你在提高学习动机方面已经渐入佳境。

　　第二步是寻找提升学习的机会。第二部分告诉你如何管理时间，如何创建一个不受干扰的学习环境，以及如何清除头脑中的忧虑和胡思乱想。你不需要实践第二部分涉及的每一条建议，在你拥有一系列包括安排学习时间的习惯，找到一个安静的学习场所，并将注意力集中在学习任务上等适合你个人风格的学习好习惯后，你就可以忽略第二部分了。

第三步是培养一些适合你个人风格和课程所要求的学习好习惯（或策略）。第三部分提供了从概述章节内容或讲座材料到尝试在章节或讲座中自学材料等十种学习好习惯。我建议你从第三部分开始尝试，至少会有你乐于使用的三种主要的学习好习惯，也会有一些你打算尝试的习惯。你不需要一直尝试所有的习惯，但应该坚持一些学习好习惯，这些习惯会增加你作为学生的成功可能性。

简而言之，我希望本书能够帮你获得一些有用的学习好习惯——你会发现自己使用的习惯并且它们对学习产生了积极影响。如果这本书可以帮助你提高成功率，哪怕只是一点点，我也认为它是成功的。

学习策略的效能

在过去的 30 年里，我一直在写这本书（它给我带来了一定的苦恼）。早在 20 世纪 80 年代，关于学习策略的研究已经发展到大家认为学习策略的教学将成为 K12 教育的基本部分，但到目前为止尚未发生。我第一次全面研究学习策略的效能，是 1986 年与克莱尔·温斯坦（Claire Weinstein）一起为《教学研究手册》（*Handbook of Research* on Teaching）撰写关于"学习策略的教学"的章节，我们阐明了学习策略教学的理由，总结了经过实证得出的八种学习策略。我关于学习策略的第一项研究［1988 年与琳达·库克（Linda Cook）合作］涉及教授社区大学生基于组织结构概述科学教科书，例如作出"概括"（即提出论点和支持证据）、"列举"（即通过特征列表明示概念）和"排序"（即分清过程中的步骤）。让我印象深刻的是，我们发现这一研究证实了其学习结果测试与对照组相比有显著改善。这一研究结论坚定了我对教授大学生学习策略的信心，因为它的确是有用的。

随后，我和同事理查德·佩珀（Richard Peper）、肯尼斯·凯拉（Kenneth Kiewra）继续进行了一系列以提高大学生学业成绩的记笔记研究，这再次增强了我的信心。最近，我和赫克托·庞塞（Hector Ponce）等人进行的一系列研究表明：教授"结构映射"（mapping，即创建关键思想的空间布局）和"划出重点"（highlighting，即在文本中标记要点）等学习策略，在改进测验能力方面确有帮助。通过使用眼动追踪方法，我们可以展示这些学习策略让学生更深入地处理材料。通过在学校环境中进行研究，我们可以看到学习策略教学有助于提高学生在现实世界中的学习成绩。通过将这些策略嵌入计算机界面，我们可以证明学习策略也适用于基于计算机的学习。

最近的研究结果也给我留下了深刻的印象。这些研究结果表明：当学生绘制图示来描述文本中材料时［与安妮特·施梅克（Annett Schmeck）及其同事协作研究］，当他们想象图示来描述文本中的材料时［与克劳迪娅·利奥波德（Claudia Leopold）及其同事协作研究］，当他们通过视频讲座向他人解释材料时［与洛根·菲奥雷拉（Logan Fiorella）协作研究］，当他们被要求在学习期间向自己解释材料时［与谢丽尔·约翰逊（Cheryl Johnson）协作研究］，当他们在刚刚学过的材料上自我测试时（与谢丽尔·约翰逊协作研究），或者当他们写下自己所学习内容的摘要时［与洛根·菲奥雷拉、乔斯林·帕龙（Jocelyn Parong）和塞莱斯特·皮莱加德（Celeste Pilegard）协作研究］，能学得更好。

我对学习策略的兴趣最终体现在 2015 年的著作《学习作为生成活动：八种促进理解的学习策略》（*Learning as a generative activity: Eight learning strategies that promote understanding*）（和洛根·菲奥雷拉合著）中，书中总结了八种基于实证的学习策略。因此，正如你所看到的，在过去 30 年里，我一直采用基于实证的方法来进行学习策略的教学研究。在你手上的这本书中，我想将这个坚实的研究基础转化为一个针对新入学大学生的实用指南。

从作为一名教育心理学家的视角看，我一直在研究如何帮助人学习，我在加州大学圣巴巴拉分校的心理和脑科学系任教数十年，这是一段激动人心的时光。在我看来，我们在将学习科学应用于教育方面取得了重要进展，这已成为一个多世纪以来教育心理学家的持续目标。今天，教育心理学为我们提供了基于研究的理论，涉及学习和动机在学术环境中如何发挥作用，以及关于成功学习策略的各种融合的科学证据。我努力在本书中采用基于证据的方法，而不是根据大众舆论或流行看法或意识形态提出建议。当然，我必须承认，我在每章中"我该怎么做？"一节中的有些建议还需要作进一步的调研。简而言之，多年的学习策略研究经验让我成为教学生如何学习的坚定倡导者。在本书中，我与你分享我的循证建议，希望它能帮助你成为更好的学习者。因此，本书的一个显著特点是，它基于证据而不是观点，并且是由一位过去30年来一直在开展学习策略研究并发表相应研究成果的人撰写的。

我不得不承认，这本书比我预期的要有趣得多。我决定采用成功学习习惯和不成功学习习惯对照的方式来写每一章。之所以采用对照方式写作的理由是，有比较才有鉴别嘛。行之不端，焉有胜之？简而言之，我希望你提高成为一名成功学习者的技能。如果对如何改进本书或我可以添加哪些新的学习好习惯有任何想法，请你随时通过mayer@psych.ucsb.edu与我取得联系。

致　谢

在此，我要感谢海军研究办公室（包括奖励项目N000141612046）提供的资助，这些资助的成果已经反映在本书的部分内容中。

我还要感谢劳特利奇出版社（Routledge）中乐于助人的编辑亚历克斯·马苏里斯（Alex Masulis）、希瑟·贾罗（Heather Jarrow）和劳根·法兰克福（Laugen

Frankfurt）等。

　　虽然我是这本书的作者，但书中的想法是由学习策略领域的许多研究人员和学者共同创造的，包括我多年来有幸与之合作和学习的学生和同事们。在此感谢我的研究生导师吉姆·格林诺（Jim Greeno），我还要感谢鲍勃·比约克（Bob Bjork）、伊丽莎白·比约克（Elizabeth Bjork）、琳达·库克、约翰·邓洛斯基（John Dunlosky）、洛根·菲奥雷拉、思维·黄（Silvie Huang）、谢丽尔·约翰逊、肯基·凯拉、克劳迪亚·利奥波德、乔尔·莱文（Joel Levin）、马克·麦克丹尼尔（Mark McDaniel）、凯瑟琳·麦克德莫特（Kathleen McDermott）、乔斯林·帕龙、哈尔·帕什勒（Hal Pashler）、里克·派迫尔（Rick Peper）、塞莱斯特·皮莱加德、赫克托·庞塞、迈克·普莱斯利（Mike Pressley）、罗迪·罗迪格（Roddy Roediger）、安妮特·施梅克、汤姆·斯塔霍维奇（Tom Stahovich）、梅尔·威特洛克（Merl Wittrock）和克莱尔·温斯坦。感谢我的父母詹姆斯·梅耶（James Mayer）和伯尼斯·梅耶（Bernis Mayer），以及兄弟鲍勃·梅耶（Bob Mayer）和伯尼·梅耶（Bernie Mayer）的支持。感谢我的孩子肯（Ken）、戴夫（Dave）和莎拉（Sarah），还有孙子（女）雅各布（Jacob）、艾利（Avery）、詹姆士（James）、艾玛（Emma）、迦勒（Caleb）、苏菲（Sophie）和莉莉（Lily），他们让我充满欢乐和自豪。特别感谢我的妻子贝弗莉（Beverly），她是我获得支持的持久来源。

我是谁？

　　我来介绍一下自己吧。我 3 岁时进入学前班，从那时起我就一直在学校。我从幼儿园到 12 年级一直在辛辛那提公立学校就读，之后获得了迈阿密大学（位于俄亥俄州牛津市）的心理学学士学位和硕士学位。再后来，我在密歇根大学（安娜堡分校）获得心理学博士学位。在印第安纳大学担任心理学访问助理教授两年后，我在加州大学圣巴巴拉分校获得了理想的工作，现在我是心理学和脑科学的特聘教授。

　　我的研究兴趣是将学习科学应用于教育，重点是帮助人如何学习，以便他们可以将所学的知识迁移到新的情境中。我的研究落在认知科学、教学和技术的交叉点，目前主要关注的研究项目是学习策略、多媒体学习、计算机辅助学习和计算机游戏学习等。

　　多年来，同行们非常友好地认可我的研究贡献。我获得了各种终身成就奖：E.L. Thorndike 教育心理学职业成就奖（美国心理学会第 15 分部授予），Silvia Scribner 学习和教学研究优秀奖（美国教育研究协会 C 分部授予），David Jonassen 教学设计和技术领域的卓越研究奖（美国教育传播和技术协会授予），James McKeen Cattell 应用心理学研究的杰出贡献奖（美国心理学会授予），以及心理学教育应用和培训的杰出贡献奖（美国心理学会授予）。我被《当代教育心理学》（*Contemporary Educational Psychology*）杂志评为世界上最富有成效的教育心理学家，排名第一；在谷歌学术搜索中是被引证最多的教育心理学家，排名第一。

我曾担任美国心理学会第 15 分部（教育心理学分部）主席和美国教育研究协会 C 分部（学习与教学分部）副主席。在我的研究生涯中，我曾担任过超过 35 项拨款的首席研究员或联合首席研究员，其中包括斯宾塞基金会、海军研究办公室、教育科学研究院和国家科学基金会等拨款项目。我是《教育心理学家》（*Educational Psychologist*）杂志的前任主编和《教学科学》（*Instructional Science*）的前任联合主编，目前我在教育心理学领域 12 种期刊担任编辑委员会委员。

我共有出版物 500 多种，其中 30 本主要是关于学习科学应用于教育的书籍，如《学习作为生成活动》，《计算机游戏学习》，《应用学习科学》，《数字化学习与教学科学》（第 4 版，与 R.Clark 合作），《学习与教学》（第 2 版），《学习与教学研究手册》（第 2 版，与 P. Alexander 合作主编），以及《剑桥多媒体学习手册》（第 2 版，主编）。

我热爱学习并期待基于学习科学的证据提高你作为成功学习者的技能。

理查德·E·梅耶

圣巴巴拉，加利福尼亚州

本研究团队有关学习策略研究的部分文献

Weinstein, C. E., & Mayer, R. E.(1986). The teaching

of learning strategies. In M. C. Wittrock (Ed.), *Handbook of Research on Teaching, Third Edition* (pp.315 −327), New York: Macmillan.

Peper, R. J., & Mayer, R. E. (1986). Generative effects of note taking during science lectures. *Journal of Educational Psychology,* 78, 23–28.

Cook, L. K., & Mayer, R E. (1988). Teaching readers about the structure of scientific text. *Journal of Educational Psychology*, 80, 448–456.

Shrager, L., & Mayer, R. E.(1989). Notetaking fosters generative learning strategies in novices. *Journal of Educational Psychology,* 81, 263–264.

Kiewra, K., Mayer, R. E., Christian, D., Dyreson, M., & McShane, A. (1991). Effects of repetition on recall and notetaking: Strategies for learning from lectures. *Journal of Educational Psychology,* 82, 120–123.

Johnson, C. I., & Mayer, R. E. (2009). A testing effect with multimedia learning. *Journal of Educational Psychology*, 101, 621–629.

Johnson, C. I., & Mayer, R. E. (2010). Adding the selfexplanation principle to multimedia learning in a computerbased game-like environment.*Computers in Human Behavior*, 26, 1246–1252.

Mayer, R. E., & Johnson, C. I. (2010). Adding instructional features that promote learning in a game-like environment. *Journal of Educational Computing Research,* 42, 241–265.

Schwamborn, A., Mayer, R. E., Thillmann, H., Leopold, C., & Leutner, D. (2010). Drawing as a generative activity and drawing as a prognostic activity. *Journal of Educational Psychology,* 102, 872–879.

Fiorella, L., & Mayer, R. E. (2012). Paper-based aids for learning with a computer-based game. *Journal of Educational Psychology,* 104, 1074–1082.

Ponce, H. R., Lopez, M. J., & Mayer, R. E. (2012). Instructional effectiveness of a computer-supported program for teaching reading comprehension strategies. *Computers & Education,* 59, 1170–1183.

Fiorella, L., & Mayer, R. E. (2013). The relative benefits of learning by teaching and teaching expectancy. *Contemporary Educational Psychology,* 38, 281–288.

Fiorella, L., & Mayer, R. E. (2014). The role of explanations and expectations in learning by teaching. *Contemporary Educational Psychology,* 39, 75–85.

Ponce, H. R., & Mayer, R. E. (2014). Qualitatively different cognitive processing during online reading primed by different study activities. *Computers in Human Behavior,* 30, 121–130.

Ponce, H., & Mayer, R. E. (2014). An eye–movement analysis of highlighting and graphic organizer study aids for learning from expository text. *Computers in Human Behavior,* 41, 21–32.

Schmeck, A., Mayer, R. E., Opfermann, M., Pfeiffer, V., & Leutner, D. (2014). Drawing pictures during learning from scientific text: Testing the generative drawing effect and the prognostic drawing effect. *Contemporary Educational Psychology,* 39, 275–286.

Fiorella, L., & Mayer, R. E. (2015). *Learning as a generative activity: Eight learning strategies that promote understanding.* New York: Cambridge University Press.

Leopold, C., & Mayer, R. E. (2015). An imagination effect in learning from scientific text. *Journal of Educational Psychology,* 107, 47–63.

Fiorella, L. & Mayer, R. E. (2016). Eight ways to promote generative learning. *Educational Psychology Review,* 28, 717–741.

Pilegard, C., & Mayer, R. E. (2016). Improving academic learning from computer-based narrative games. *Contemporary Educational Psychology,* 44 , 12–20.

Fiorella, L., & Mayer, R. E. (2017). Spontaneous spatial strategies in learning from scientific text. *Contemporary Educational Psychology,* 49, 66–79.

Rawson, K., Stahovich, T. F., & Mayer, R. E. (2017). Homework and achievement: Using smartpen technology to find the connection. *Journal of Educational Psychology,* 109,

208–219.

Gyllen, J., Stahovich, T., & Mayer, R. E. (in press). How students read an e-textbook in an engineering course. *Journal of Computer Assisted Learning.*

Huang, X., & Mayer, R. E. (in press). Adding self-efficacy features to an online statistics lesson. *Journal of Educational Computing Research.*

Parong, J., & Mayer, R. E. (in press). Learning science in immersive virtual reality. *Journal of Educational Psychology.*

导　论

学习成功取决于学习动机、机会、途径三合一

这是谁干的？

现在是晚上 10 点 50 分，你正坐在电视机前，欣赏一部扣人心弦的犯罪片的最后高潮部分。被告——里普利（Ripley）先生，被指控从一个非营利的无家可归者收容所挪用资金，其曾经自愿为这家收容所提供免费会计服务。控方检察官指着他正在向陪审团作最后陈词："被告有犯罪动机——他业务亏损，债台高筑，银行即将收回他的住所。他有机会实施这一罪行——他是唯一一个可以进入无家可归者收容所银行账户的人。被告也有作案途径——作为会计和银行业的专家，他知道如何在不留下记录的情况下从账户中提取资金。"简而言之，如果要证明里普利先生有罪，我们可以通过证明他有动机、有机会和有实施犯罪的途径来定罪。

如你所见，在刑事案件中检察官试图通过以下三个方面证明被告有罪，即：动机——有犯罪的理由；机会——有实施犯罪的时机；途径——有实施犯罪的本事。许多

刑事罪案侦破的硬核就是寻找嫌犯的动机、机会和途径（MOM），这种方法似乎在破案中屡试不爽。

探求学业成功

在本书中，我建议同样的动机、机会、途径三合一的方法也适用于寻求学业成功。想要成为成功的学习者，你需要有：

动机（motive）——想要学习的理由；

机会（opportunity）——有利于学习的条件；

途径（means）——让你成为一个有效学习者的学习策略。

本书的主题是如果你能记住 MOM，你就可以成为一名成功的学生。

在"动机"方面，成为一名成功学生的关键是兴趣和价值观——对学习内容有兴趣并且能发现其中的价值；目标——想要了解学习内容；信念——相信只要付出了足够的努力就能学会；对威胁的反应——不会因为一些刻板印象消磨你成为一名学习者的信念。简而言之，成功的第一步是建立学习动机。本书第一部分，我会着重探讨"动机"方面的内容。

在"机会"方面，成为一名成功学生的关键是时间——分配足够的时间习得材料，有效地利用学习时间；处所——创造一个你可以免于分心、专注学习的地方；精神状态——形成一种没有焦虑、心智不会游荡的心理状态。总之，成为一名成功学生的第二步是创造学习所需的条件。本书第二部分，我会探讨"机会"方面的内容。

在"途径"方面，最近的研究已经形成了一种分类明晰且可提升学业成绩的学习策略。学习策略旨在提升学习成绩。这些包括复读澄清、划出重点、提前习得、善作小结、结构映射、绘制图示、自我检查、自我解释、乐于教人、具身体验等习惯。简而言之，成为一名成功学生的第三步是通过学习一系列有效的学习策略，你可以深入学习这些学习内容并知道如何以及何时使用。本书第三部分，我会着重探讨"途径"方面的内容。

简而言之，本书的目标是在你学习的时候，帮助你想到 MOM。希望你拥有成功的动机、机会和途径。为了让你更深入地了解，我设计了一组学生如何展示和如何建立 MOM 的案例。我希望列举一些用有效学习习惯和无效学习习惯的学生的实例，帮助你作出判别，从而掌握有效的学习策略。

学会如何学习

没有人一开始就是一名失意落魄的学生。但在课堂上多年来无效的学习习惯却屡见不鲜——这是那些让学生本来有能力却没有实现高水平学业成功的坏习惯。本书中我探讨了一些无效学习习惯，以及关于如何形成有效学习习惯的建议。

学生形成无效学习习惯的原因是什么？可能是没人花时间来解释人是如何学习的。我们，作为教师和学生，往往专注于学习"什么",却忽略了"如何"学习。正如我在前言中提到的,一些教育研究人员认为,学会如何学习是所谓的隐性课程的一部分——我们期望学生学会如何学习,却很少教他们如何学习。成功的学习者往往很清楚应该如何学习,或者有人在整个过程中给予他们一些指导;但对大多数人来说,学会如何学习并不是课程的核心部分。在接下来的章节中,基于学习科学的研究证据,我将向你展示学会如何学习的核心部分,从而使得这些问题能够迎刃而解。

如果你想培养有效的、旨在最大限度提升学业成绩的学习习惯,那么本书的内容将会很适合你。我在每一章中都会向你介绍成功学习者 20 个习惯中的一种。每一章包括对一个场景、一个练习、一种学习好习惯的描述,以及你可以怎样在自己的学习中运用的要点。

第一部分　学习动机

发现价值

令人沮丧的生物学

鲍勃（Bob）对生物学并没有太大的兴趣。不要误会，我的意思是他在平常生活中也有热爱的事情，诸如体育运动、运动类电玩等。在学校里，他对美术与音乐也情有独钟，但对正在学的生物学却丝毫提不起兴趣。这周的生物作业是阅读有关人体运作机理的一篇文章，文章解释了消化系统是怎样工作的，心脏与肺又是怎样工作的，免疫系统是如何运转的，以及眼睛和耳朵各自的机理等。当鲍勃翻书时，迎面而来的是满满的无聊之感（书页上仿佛都写着"无聊"两个字）。鲍勃的计划是找个地方然后快速解决这个糟糕的生物学阅读任务。简而言之，他并不打算在这个作业上投入什么情感，只想快点应付过去。

学习中的兴趣与价值

那么鲍勃完成那令人不快的生物阅读作业的方式有什么问题吗？表面上来看，他似乎选择了一种较为稳妥的方法。尽管他不得不阅读材料，而且对此也毫无期待，但他还是一如平常应付无聊作业时那样去完成它。

但在我看来，鲍勃表现得像个不成功的学生。近一个世纪以来关于学习兴趣的研究表明，当学生对所学的知识感兴趣并且能够看到所学的知识在实际生活中的应用价值时，他们往往能学得更好。简而言之，当人能对所学赋予意义时，他们会学得更投入。在开始做作业之前，鲍勃应该花一些时间去想想这些课程对他有什么用。如果你是鲍勃的朋友，你又会如何帮助鲍勃发现所学内容的价值？请在你想与鲍勃分享的观点旁打钩：

□ A. 告诉他完成这项作业然后把它从任务清单中划掉时会有多爽。

□ B. 告诉他不必投入太多的情感，只要把这些文字勉强装进脑子以应对考试就好。

□ C. 告诉他，他所热爱的音乐是如何基于人耳聆听的；他热爱的美术，又是怎样基于人眼呈现的。所以作为音乐家与美术家，学习生物学中有关听觉和视觉的知识对他大有裨益。

□ D. 告诉他，他有严重的过敏反应，所以了解免疫系统如何发挥作用将使他更好地了解自身的过敏原因，甚至可以帮助他减轻过敏症状。

□ E. 以一种委婉的方式指出他现在有一点胖，所以了解人的消化系统或许对他有所帮助。

□ F. 告诉他，他这么喜欢体育，也许对运动员运动时身体是如何加大血流量的感兴趣。

选项 A 看起来似乎是一个合乎情理的、从严要求的建议。生活中有些事情确实令人不悦但又不得不去完成。但是这种方式违反了我们帮助鲍勃建立学习兴趣的初衷。如果仅仅是告诉他要完成作业，更是在无形中加深了鲍勃对于材料没有太多意义与价值的认知。对于选项 B 也是同理。然而，如果你选择 C、D、E 或者 F 项，那你就是在帮鲍勃走向在所学中寻找价值的正轨了。选择四个选项中的任何一个，你都是在帮助鲍勃将学习内容与他生活中的关注点相关联，尽管你对于选项 E 可能会比较谨慎，因为这可能是他的一个敏感点。总之，选项 C、D、E 和 F 都反映了一名成功学生所具有的激励性学习好习惯。

发现价值的习惯

你刚刚学了如何激励别人（包括你自己）学习的重要一课：当人对所学内容感兴趣并且重视时，他往往会学得更好。我们可以称之为"发现价值的习惯"（value habit），这将是你成为一名成功学生道路上的良好起点。请尝试着去思考你现在所学的东西对自己到底有什么价值，就如著名的教育学者约翰·杜威（Dewey，1913）一百多年前在他的经典小册子《教育中的兴趣及努力》（*Interest and Effort in Education*）中所写的："如果我们能够通过一些实际事例或者理念来确保学生的学习兴趣，那么就基本能保证学生会花功夫学好这些课程。"此后，尤其是最近的几十年，研究者搜集到的越来越多的证据表明，相较学生没有兴趣时的表现，对所学感兴趣的同学往往会学得更加刻苦，更加投入（Alexander et al.，2017；Renninger et al.，2016；Wigfield et al.，2016）。

我该怎么做？

以下是培养"发现价值的习惯"的几种方法：

1. 浏览文章或者是课堂笔记，写下其中最有趣的三个部分并在旁边用一句话概括你为什么感兴趣。

2. 写一小段小短文，谈谈为什么你阅读的文章或者上的这门课对你有用。

3. 以作者的角度为你正在读的文章写一篇简介（或者以老师的角度写一段讲授提纲），解释为什么这篇文章是有价值而且有趣的。

如果你对于上述这些方法都没有太大兴趣，或许就需要尝试一套适合你自己的发现价值的方法了。在培养学习技能时，你应该遵循方框 1 中总结的建议。

方框 1　如何运用发现价值的学习好习惯

努力做到：
花一些时间从学习内容中寻找兴趣点与个人价值。
注意避免：
即使学习材料对你而言很枯燥，也会囫囵吞枣地学完。

参考文献

Alexander, P. A., & Grossnickle, E. M.（2017). Positioning interest and curiosity within a model of academic development. In K. R. Wentzel & D. B. Miele (Eds.), *Handbook of motivation at school* (2nd ed; pp.188−208). New York: Routledge.

Dewey, J.(1913). *Interest and effort in education.* Boston: Houghton Mifflin Company.

Renninger, K. A., & Hidi, S. E. (2016). *The power of interest for motivation and engagement.* New York: Routledge.

Wigfield, A., Tonks, S. M., & Klauda, S.L.(2016). Expectancy-value theory. In K. R. Wentzel & D. B. Miele (Eds.), *Handbook of motivation at school* (2nd ed；pp.55−74). New York: Routledge.

学习好习惯 2

设定目标

临别叮嘱

凯西（Kathy）的爸爸在她出发去上大学前嘱咐的最后一句话是："我们为你上大学花了不少钱呢，所以拜托你别挂科了。"而当她准备第一堂充满复杂术语、冗长等式和众多艰涩概念的经济学概论课时，这句话依旧萦绕在她的脑海之中。更糟糕的是，当她回想起课堂讨论的情景时，感觉同学们似乎都已经掌握得挺好了。为了完成学懂教材、记好笔记这一艰巨的任务，她给自己设立了一个目标。她甚至在做书签的索引卡上写下了"千万别拿班级最低分"。

学习目标

在我们分析这一情景之前，我想请你在对凯西有帮助的学习目标旁打钩：

□ A. 我不想成为全班分数垫底的人。

□ B. 我想拿全班最高分来让自己表现好点。

□ C. 我会透彻地理解学习内容直到我满意为止。

如果你选择了 A 项，你就采用了同凯西一样的方法设定学习目标。对于凯西的情形你或许会想："好吧，至少凯西有学习的动力。她有一个目标指引着她学习。"然而，当我看到这一情况时，我怀疑凯西正离成为一名成功的学生的目标越来越远。选项 A 所表现的即是一种目标：避免自己因不佳的表现而出丑。而这一目标的问题在于，根据研究表明，这种免于出丑的学习目标难以与成功的学业产生任何关联（Senko，2016；Martin，2013；Murayama et al.，2012）。当你的学习仅仅是为了避免拿低分的时候，实际上就不是为了奠定坚实的基础，而是为了达成短期效果的答题技巧和外部评价而学习。

除此之外，凯西还能做什么呢？如果你选择了 B 项，那么你关注的和选项 A 一样，还是成绩，只不过这个目标是与别人相比较有更好的学习表现。与凯西糟糕的选择相比，选项 B 看起来好像是最佳选择，尽管我同意选项 B 确实要比选项 A 好一些，但它实际上只能算差强人意。选项 B 可以被称为"追求表现型学习目标"（performance-approach goal），它注重的是在学习上有良好表现，比如获得更高的分数。在这种情况下，凯西或许会尽力在考试中取得高分，但很有可能不会从长远的角度看待所学的知识。更糟糕的是，如果凯西选择了 B 选项，那么她就很有可能成为一名"分数投机者"——那种对拿 A 有着强烈渴望，选择班级和老师也仅仅是考虑对自己绩点（GPA）的影响，不断询问"这个会不会成为考点"，只为获得更好的分数，甚至不惜与老师讨价还价。对于这些人来说，拿到一个 A 远比学到什么东西显得更重要。就算凯西侥幸没有坠入"分数投机"的陷阱，选项 B 本身也存在问题。它对于所学的知识不求深层次的理解，只是浅尝辄止，很难为未来的学习奠定坚实基础。不过，选项 B 也不能算是一个坏选项，因为研究表明，短期追求更好的成绩与成功的学业是息息相关的（Senko，2016；Martin，2013；Murayama et al.，2012）。当然，我也必须承认成绩是未来机遇的敲门砖，你也需要在诸多机遇中作出抉择以追求想要的成绩。然而，仅仅停留在选项 B 的程度显然并不够，因为它并不能够为学习提供长期助益。

如果你选择了 C 项，或许还同时选择了 B 项，那么你就已经踏上了成为一名成功学生的道路。选项 C 反映的是一种基于学习本身促进理解并最终掌握知识的"掌握型目标"（mastery goal）。研究表明，这种学习方式与学生在学业上的坚持不懈以及个人长期发展的成功有着很大的关联（Senko，2016；Martin，2013；Murayama et al.，2012）。当你的学习同时基于追求"表现型学习目标"与"掌握型学习目标"时，那么你就能同时收获优异的学习成绩和持之以恒的学习毅力。总而言之，在学习上秉持"掌握型学习目标"可以为未来的学习提供坚实的基础，而且就算在学业上遇到难关，你也拥有坚持下去的动力。

设定目标的习惯

凯西的故事向我们展示了重要的一点，即学业目标与学业成功是相关联的。简而言之，"设定目标习惯"（goal habit）是指：当学生致力于理解所学时，他们会学得更好。当你有新的知识需要学习时，你应该力求掌握这些知识。为了长远的发展，你应该去理解知识而不是仅仅为了能在考试中获得好成绩而去背诵记熟，然后在考完之后忘得一干二净。举例来说，这意味着你要特别注意那些存在疑问的地方，以便有针对性地寻求必要的解释。这也意味着你要为学习设立一系列具体的目标，并时常通过自我反思来确定自己是否完成了这些目标。除此之外，这也意味着你需要明晰所学的知识并将其与你所知的其他内容相关联。我将会在第三部分"学习途径"中对此作进一步阐述。

尽管研究者目前对于"表现型学习目标"的作用还未能达成共识（Senko，2016；Martin，2013；Murayama et al.，2012），但若是把学业表现也纳入目标原则的考虑范畴，那也是有些道理的。简言之，就是在致力于理解学习内容的同时也争取优异的成绩。相反，若只是有"表现型学习目标"却没有"掌握型学习目标"，那就有可能导致知识基础肤浅而薄弱，缺乏持久的学习动力，并且可能把你引向成为失败学生的歧途。

那些不成功的学生大多只关注如何避免拿低分，或者只想着如何拿高分（又或是和别人考得差不多但是花更少的精力）。如果你想成为在学业生涯以及此后都有着持之以恒学习动力的成功学生，那你就要以一种掌握教材内容的态度去对待自己的学习任务。取得优异的成绩以及好的外部评价也与成功的学业息息相关，但你一定要将"表现型学习目标"与"掌握型学习目标"结合起来，而不是只注重前者。

我该怎么做？

为了能够培养确立学习目标的习惯，我建议你考虑如下一些策略：

1. 为每一节课编制学习目标（learning objectives）。

2. 随着学习的深入，将你已经完成的目标划掉并圈出那些需要再下功夫的目标。

3. 参照本书"学习途径"部分的十条学习策略调整学习。

方框 2 所示的设定目标的策略可以帮助你更好地理解材料。

方框 2　如何运用设定目标的学习好习惯

努力做到：
花时间弄清楚你想从课上学到什么，并竭尽全力。
注意避免：
一知半解，浅尝辄止。

参考文献

Martin, A. J. (2013). Goal orientation. In J. Hattie & E. M. Anderman (Eds.), *International guide to student achievement* (pp.353–355). New York: Routledge.

Murayama, K., Elliot, A. J., & Friedman, R.(2012). Achievement goals. In R. M. Ryan (Ed.), *The Oxford handbook of human motivation* (pp.191−207). New York: Oxford University Press.

Senko, C. (2016). Achievement goal theory: A story of early promises, eventual discords, and future possibilities. In K. R. Wentzel & D. B. Miele (Eds.), *Handbook of motivation at school* (2nd ed; pp.75−95). New York: Routledge.

树立信念

明迪的数学"箴言"

因专业要求，明迪（Mindy）要参加于本周开始的、令人恐惧的统计学导论课。自高中以来，明迪就一直不乐意上任何有难度的数学课，据她所说："我就是不擅长数学。"她甚至还为此拟了句"箴言"："吾本不恶学数学，却遭嫌弃无商量。"但在现在这个关头，她应该怎么办呢？她尝试说服辅导员自己根本就不应该学这些课，尤其是她肯定不会上有关统计学的任何选修课程。然而，面对着她不得不上却又万分艰难的统计学课程，明迪觉得她还是需要上该上的课、读要读的书，不过她也不会在这门课上花太多的时间。她告诉自己，无论多努力，也不可能学得多精通。与其如此，不如把她有限的时间花在那些她更有可能学好的科目上。毕竟统计学只是她要学的众多课程中的一门，她应该把更多的精力投入到那些她能够得心应手的学科上。

学习信念

乍一看，明迪的计划看起来挺合理的。或许你也认同她有效利用有限时间的计划——将时间用在擅长的事情上而不要弃长用短，捉襟见肘。与其把时间浪费在学不好的统计学上，还不如把它用在能学好的学科上。这或许是一个有道理的观点，但在这里，我想向你说明迪这一学习方法中的症结所在。说到底也就是你如何看待学习信念与学业成功之间的关系。

在我们分析明迪的学习计划之前，请在你认同的说法旁边打钩：

□ A. 明迪统计学的成绩只和她的数学能力有关。

□ B. 明迪统计学的成绩主要取决于她在这门课上花了多少时间。

□ C. 如果明迪足够努力，那她最终一定能学好统计学。

□ D. 不论明迪多努力，她都不太可能学好统计学。

□ E. 如果明迪统计学的第一场考试挂科了，那一定是她不努力。

□ F. 如果明迪统计学的第一场考试挂科了，那一定是她数学能力太糟糕了。

明迪的学习计划是基于统计学的能力而制订的。选项A、D 和 F 都反映了明迪学习统计学时的想法。在我看来，如果你也选择 A、D 或者 F 项，那你很难成为一名成功的学生。让我来解释一下原因。

首先，选项 A 和选项 B 反映了明迪的"心态"（mindset）——她的认知能力到底是固定不变的还是动态可变的（Dwyer，2016）。选项 A 所反映的是"固化心态"（fixed mindset），即认为基础素质是固定的，而非发展可变的。举个例子，数学要么是学得好，要么是学不好，其间不存在其他变数。但是像选项 B 所反映的"成长心态"（grouth mindset）则认为，通过经验的累积，学习水平是能够得到提升与改变的。比如，通过努力你就能够培养并提升数学能力。研究表明，那些具有成长心态的学生更有可能获得学业上成功；然而，很多学生都抱着固化心态，这对学业有极大的危害（Dwyer，2016）。成长心态能够促进学生学得更努力并因此学得更好。

其次，选项 C 和选项 D 反映了明迪的"自我效能信念"（self-efficacy beliefs）——她所持的完成特定任务的信念（Schunk et al.，2016；Schunk et al.，2012）。低下的自我效能，如选项 D 所示，认为自己缺乏做好一项任务的能力，比如认为自己不具备学好统计的能力。而如选项 C 所示，强大的自我效能则认为自己具有成功完成任务的能力，比如学好统计学。需要特别指出的是，自我效能是完成特定任务所需能力的信念，比如学好统计学，而非整体的自我认知。研究表明，自我效能与学业的成功有很大的联系，而且自我效能越强，越有可能成功（Schunk et al.，2016；Schunk et al.，2012）。拥有强大自我效能的人更有可能为掌握深奥的概念而全力以赴，即使面对艰难的挑战也会坚持不懈。

最后，选项 E 和选项 F 反映了明迪对于成绩的"归因"（attributions），即她认为考试的成败应归因于能力还是努力（Graham et al., 2016）。能力归因（attribution based on ability），如选项 F 所示，学业的成功与失败只取决于一个人的能力，也就说在学习上付诸努力也不会产生任何效果。努力归因（attribution based on effort），如选项 E 所示，学业的成败取决于努力程度，也就是说在学习上付诸努力会有积极的效果。研究表明，基于努力的归因对于学生更为有用，因为它往往与卓越的学业成就紧密联系（Graham et al., 2016）。简而言之，如果你相信某门课的考试成绩取决于你做了多少功课（也就是你相信努力会有所回报），你就有动力在学习上付出更多的努力。

树立信念的习惯

明迪不乐意在统计学上花功夫的想法使得她以一种失败的方式学习，这一惰性的想法阻碍了她在学习上付出足够的努力。明迪的故事提醒我们要树立"信念的习惯"（belief habit）：相信自己能学得更好，因为心智是不断成长而非一成不变的；相信只要投入足够的努力，就能完成特定的任务；相信学业上的成败主要取决于努力而非能力。简而言之，成为一名成功学生的道路始于思考作为一名学生你该秉持怎样的信念。而对于学业成败来说，最有用的信念便是："功夫不负有心人。"总之，为了成为一名成功的学生，你应该将勤奋视为学业成功的敲门砖。

我该怎么做?

为了培养积极的信念,以下这些建议与策略供你参考:

1.写一篇小短文,讲讲你曾经是怎么努力学习并达成原先看似不可能的学习目标的。

2.写一篇简短陈述,说说通过努力学习你将怎样完成学习任务。

3.在学习中试着自我激励,告诉自己"我能行"。

4.把自己置身于那些知道你能行并鼓励你为之努力的人之中。

5.参照本书第三部分"学习途径",将恰当的学习习惯与树立信念的习惯协调发挥作用。

总而言之,你应当认识到:作为学生,最大的财富在于努力学习的意愿。除了树立信念的习惯,你也需要配合能够促使提高效率的管理习惯与学习习惯,这些我们会在本书后续的"学习机会"与"学习途径"部分进一步予以讨论。在帮助你树立信念的习惯这一过程中,你应该遵循方框 3 中所阐述的策略。

方框 3 如何运用树立信念的学习好习惯

努力做到:
花时间端正学习态度,并明确个人努力在学习中至关重要的作用。
注意避免:
以"学习的好坏取决于自己的能力"这样的想法开始学习。

参考文献

Dwyer, C. S. (2016). *Mindset: The new psychology of success*. New York: Ballantine Books.

Graham, S., & Taylor, A. Z. (2016). Attribution theory and motivation in school. In K. R. Wentzel & D. B. Miele (Eds.), *Handbook of motivation at school* (2nd ed; pp.11−33). New York: Routledge.

Schunk, D. H., & DiBenedetto, M. K.(2016). Self-efficacy theory in education. In K. R. Wentzel & D. B. Miele (Eds.), *Handbook of motivation at school* (2nd ed; pp.34−54). New York: Routledge.

Schunk, D. H., & Usher, E. L.(2012). Social cognitive theory and motivation. In R. M. Ryan (Ed.), *The Oxford handbook of human motivation* (pp.13−27). New York: Oxford University Press.

应对威胁

上课第一天

整个夏天，卡伯（Kareb）要在大专班上人生第一节计算机科学课。今天是上课的第一天，为了能在第一排占一个好位置，她去得很早。随着教室里的人逐渐多起来，她环顾四周，却没有发现任何熟悉的面孔。她不经意间发现教室里大多数都是男生，看起来他们准备好在这门课上深入钻研了。她想："他们在这门课上准备的会不会比我更充分？"教室里也有几位女生来回走动，卡伯觉得她们或许是在找位置。

上课的老师，平克斯塔夫（Pinkstoff）先生，站在讲台上，翻看着讲义，没有一丝笑意。卡伯迅速用手机查阅着这门学科的资料。在 20 位学院教师中，只有两位女性，其中还有一位是临时讲师。她感到一丝不安，给朋友卡罗（Carol）发消息说自己正在上计算机科学的导论课。然而，卡罗并没有给予卡伯所需的支持，而是反问她："你为什么要学这门课程？"

卡伯脑海中思绪万千："我为什么会在这里？""女生能

学好计算机课吗？""我是不是应该再掂量掂量？"

她是这样想的：女性在计算机科学上表现得并不是那么好。我是女生。因此，我也很有可能学不好。

卡伯的逻辑中有没有什么错误呢？让我们来看看你是怎么想的。

受到威胁的学习

很明显，上课之前，卡伯已经感到一丝不安了。对此她应该怎么做呢？请在你认为她应该做的选项旁打钩：

☐ A. 卡伯的逻辑严丝合缝，她确实应该退出这门课程。

☐ B. 女生在计算机科学领域做得不如男生，所以像卡伯这样的女生不应该期望能在计算机这门课上有什么出色的表现。

☐ C. 卡伯应该明白不论她怎么做都会不如班上的同学，所以没必要投入太多的努力。

☐ D. 卡伯应该告诉自己：在计算机课上女性不如男性就是胡扯。

☐ E. 卡伯应该将这门课视作她所遇见的一次挑战，并应该努力学好。

这些选项反映了所谓的"刻板印象威胁"（stereotype threat）对卡伯学习动机的影响。如果你在学习情境中经历过刻板印象威胁，这意味着你也曾将自己视为那些无能之辈中的一员（Master et al., 2016；Steele, 2010），比如相信选项 A、B、C 所反映的女生学不好计算机这样的观点。研究表明，如果学生接受了关于他所属团体的负面陈规的影响，那么他们在学习上的投入就会像选项 C 所反映的那样减少，表现得也更加不尽如人意（Master et al.，2016；Steele，2010），他们甚至会"自我设限"（self-handicapping）。这让他们无法获得学业成功（比如"误读"教科书），同时也会为糟糕的表现提供现成的借口。选择相信有关你所属群体的负面刻板印象，不会让你成为成功的学生。

反之，如果能摆脱刻板印象，如有选项 D 和 E 所体现的气魄，那就会更好地促进学习。因此，如果你想成为一名成功的学生，关键是学习时不要因那些刻板印象乱了自己的阵脚。

你可以通过分析卡伯逻辑中每一个步骤的失误对这种极具破坏力的刻板印象予以反击。

1. "女性在计算机科学上表现得并不是那么好。"事实是，在每一个学科领域，女性相比男性都更可能获得好成绩。面对机遇时，女性在计算机科学领域也是相当成功的。所以，第一步便是要避免这种有害的设定。

2. "我是女生。"这毋庸置疑，但卡伯同时也是一个数学背景出色、对机器人情有独钟的人。因此，对她而言，第二步是认识到她自己具备学好计算机的能力。

3. "因此，我也很有可能学不好。"如果接受了这句话，那么卡伯在这门课上可能就不会投入太多的努力。相对而言，对于凯伦来说，更积极的观点是：只要认真努力学，就一定能学好。

在类似卡伯这样的学习情况下，你必须在这两种解释中作出抉择：你感觉受到"威胁"，或者你感觉很有"挑战"。如果你放任自己被前者所胁迫的话，你就会缺乏动力，不愿投入努力，只会通过自己的不佳表现来印证虚假的刻板印象（Jamieson，2017）。若你将其视为挑战，那就能从中获取动力，能在学习中倾注更多的努力，并能有更好的学业表现（Jamieson，2017）。简而言之，在某种程度上，对于情境的个人理解与自我选择会影响你在学习上所能付出的努力，并进一步影响学业表现。

应对威胁的习惯

通过对刻板印象破坏性力量的研究，我们得出了"应对威胁的习惯"（threat habit）这一结论：当人能够避免陷入对能力的刻板印象时，他们能够学得更好。特别是当人们将学习任务视为一种挑战而非威胁时，他们能学得更好。当你倍感压力时，最好的办法就是把学习该内容视作通过不懈努力就能战胜的挑战。如何认识学习者这一角色也是影响学习动机的重要因素。我们在针对刻板印象的斗争中也总结了简洁有效的建议：要坚决反击有关自己学习者身份认知的丑陋刻板印象；相信自己是一个有能力的学生，只要刻苦努力就一定会成功。

我该怎么做？

面对学习任务，你感到恐惧时，我建议你参考如下的建议与策略：

1. 当你怀疑自己的能力时，再翻看一下本书前面提到的"树立信念的习惯"中的建议（在"学习好习惯 3"中已有讨论）。

2. 当你感到焦虑时，深呼吸并翻看一下"消除焦虑的习惯"中的一些建议（将在"学习好习惯 9"中详细讨论）。

3. 如果你想打破那些刻板印象又不知道从何做起，你可以参考本书后面提到的十条学习好习惯（将在学习好习惯 11—20 中作详细讨论），并撸起袖子加油干。

如你所见，"应对威胁的习惯"就像是"树立信念的习惯"的一个特殊分支，所以对两者你都可以采用一些共同的策略。你所采用的策略应该基于方框 4 中的一般做法。

方框 4　如何运用应对威胁的学习好习惯

努力做到：
相信自己是一个有能力的学生，只要你足够努力就一定会取得成功。
注意避免：
让别人轻易否定你是出色的学生这一事实。

参考文献

Jamieson, J. P. (2017). Challenge and threat appraisals. In A. J. Elliot, C. S. Dweck, & D. S. Yaeger (Eds.), *Handbook of competence and motivation* (2nd ed; pp.175−191). New York:

Guilford.

Master, A., Cheryan, S., & Meltzoff, A. N. (2016). Motivation and identity. In K. R. Wentzel & D. B. Miele (Eds.), *Handbook of motivation at school* (2nd ed; pp.300–319). New York: Routledge.

Steele, C. M. (2010). *Whistling Vivaldi and other clues to how stereotypes affect us.* New York: W. W. Norton & Company.

第二部分　学习机会

规划时间

"快手艾德"

如果可以的话，艾德（Eddie）不喜欢在学习上浪费时间。反之，他追求的是高效利用时间。他不去听那些无聊的讲座，而是待在家里用笔记本电脑以二倍速在线观看。这样一来，他只要花一半的时间就可以学到讲座中的干货，尽管老师的声音在二倍速下听起来有点像花栗鼠。他一边听，一边把老师所讲的内容逐字逐句抄在笔记本上，每堂课的重点要做一至两页笔记。接下来，他以每页一分钟的速度阅读课本，用黄色记号笔划出重点。考试前，艾德会再翻阅笔记、浏览课本上划出的重点内容。艾德高效的学习风格使他在朋友中有着"快手艾德"的绰号，而他也以此为傲。

学习时间

你可能会觉得艾德的学习方法很棒，因为这看起来效率颇高。你也可能认为他是一个好学生。但是看到艾德的学习方式，我觉得他正在变成一个不成功的学生。

首先，请勾选出你认为对艾德的学业成绩有影响的因素：

□ A. 在教科书上划出重点。

□ B. 摘抄重要知识点。

□ C. 不参加课堂面授而是观看课程视频。

□ D. 花时间阅读自己总结出来的知识。

如果你选择了 A 或 B 项，你选择的是一些无效的学习策略。本书的第三部分"学习途径"中会提到：研究表明，这些学习策略并不适合深度学习（详情请见第三部分）。同样，尽管在线课程包括 MOOC（大规模开放在线课程）很受欢迎，但大量研究证据不支持选项 C。虽然视频学习和面授教学可能同样有效，但与面授课程相比，尤其是当视频以双倍速度播放的时候，它难以提高学习质量。这样一来，选项 D 成为唯一可以大大提高学习效率的选项。依我看，艾德很可能会成为一个不成功的学生，因为他选择了选项 A、B 和 C 这些并不是特别有效的学习方法。同时，他没有给自己预留足够的时间学习（选项 D），这已被证明是成功学习的重要因素（van Gog，2013）。如果你想成为一个成功的学生，你应该选择 D 项，即在学习上投入足够的时间。

规划时间的习惯

"快手艾德"的案例强调了时间是良好学习条件的重要

因素。根据"规划时间的习惯"（time habit）以及长期存在的"总体用时"（total time hypotbesis）假设，你越专注于学习，你会学到越多。正如德国心理学家赫尔曼·艾宾浩斯（Hermann Ebbinghaus）在 1885 年出版的经典著作《记忆》（*Memory*）中所述，这是他早在一百多年前就开始进行研究的基本原理之一。艾宾浩斯（1885/1964）读了一系列没有词义的音节，这些音节由一个辅音、一个元音、一个辅音组成，然后他试图在一天后予以记住。他发现，练习这些音节的次数越多，一天后的记忆效果就越好。简而言之，他是第一个证明学习时间和记忆容量之间存在直接正向关系的人。

自此，经过学术研究证实，学习时间的长短与考试成绩有一定关系（Ericsson et al.，2016；van Gog，2013）。然而，重要的是，并非所有练习都同样有效。研究表明，最有效的学习时间是你主动参与理解材料的时候，这就是"主动参与学习时间"（engaged learning time）（van Gog，2013）；而当你面对难度较高的挑战，尝试着练习，并且得到详细反馈的时候，这被称为"刻意练习"（deliberate practice）（Ericsson et al.，2016）。

简言之，基于规划时间原则，我建议你预留充足的时间进行有效学习。在"学习机会"这一部分，我们将重点讨论促进学习的条件。学习新知识的最基本要素是你安排足够的学习时间。学习离不开时间。如何有效利用时间是"学习途径"这一部分讨论的主题。当你给自己时间学习的时候，你正在成为一名成功的学生。

我该怎么做?

关于规划时间的习惯,我建议你考虑以下策略:

1. 在日历上留出专门学习特定内容的时间段。

2. 如果可以的话,每周留出相同的时间段,这样你就能在自己的时刻表中掌握学习节奏。

3. 如果可以的话,确定每个学习时段的具体学习内容。

4. 根据需要调整或增加学习计划。

时间是通往学业成功的宝贵资源,需要你妥善管理。方框 5 中提出的一般策略可以作为你提出具体方案的依据。

方框 5　如何运用规划时间的学习好习惯

努力做到:
在安排日程表时应考虑留足学习时间。
注意避免:
给自己预留的学习时间很少。

参考文献

Ebbinghaus, H. (1885/1964). *Memory*. New York: Dover.

Ericsson, A., & Pool, R. (2016). *Peak: Secrets from the science of expertise.* New York: Houghton Mifflin Harcourt.

van Gog, T. (2013). Time on task. In J. Hattie & E. M. Anderman (Eds.), *International guide to student achievement* (pp.432–433). New York: Routledge.

学习好习惯 6
间隔留白

疯狂期中考

麦迪（Maddie）的微积分考试将在星期一举行，考试涉及四个章节，八节授课内容。此前麦迪除了阅读教材和听课，没有作其他任何准备，她计划将整个周日都用来复习。也就是说，保证至少有四个小时的学习时间。星期天，她从晚上 8 点学习到 12 点，翻阅课堂笔记，划出重点内容。紧张复习了四小时后，她躺在床上，精疲力竭，坚信自己已经为考试作好了充分准备。

间隔留白时间

麦迪应对期中考试的方法是典型的临时抱佛脚，寄希望于把学习时间集中在考试前夜，集中复习。你认为这是个合理的方法吗？请在下列选项中勾选你觉得正确的陈述。

□ A. 最好的方法就是一次性复习所有考试要用到的知识，这样你就不需要在每次开始复习之前浪费时间回顾自己上一次复习到哪里了。

☐ B. 在考试前集中复习可以防止遗忘。

☐ C. 间隔学习比集中学习更有效。

☐ D. 赶在截止时间前完成任务是不成功学生的行为。

麦迪采用的学习方法是"集中学习"（massed practice），即一次性或集中一段时间（比如麦迪案例中的四小时复习）进行学习。另一种方法是"间隔学习"（spaced practice），将大段的学习时间分解为较短的时间段（例如，麦迪每天复习一小时，持续四天）。对于间隔学习的效应，一百多年前就有研究明确证明（Brown et al., 2014；Dunlosky et al., 2013；Mayer, 2011；Ebbinghaus, 1885/1964）：同样的学习时间，相较于集中一整段学习，如果将其分散开来，在不同的时间段间隔学习，效果会更好。简言之，研究者的共识是间隔学习比集中学习更有效（Brown et al., 2014；Dunlosky et al., 2013；Mayer, 2011；Ebbinghaus, 1885/1964）。如你所见，麦迪的学习计划并没有采取这一基于研究结果的建议，反映了一个不成功学生的学习习惯。相比之下，如果你想采取更有支撑力的方法学好，你不应该选 A 项，而应该勾选 C 项。

为什么间隔留白比集中学习更有效？当你反复学习同样的内容时，集中学习会让你用同样的方式来记忆和检索材料，这样容易对这种高强度学习失去兴趣；而间隔留白会促使你不断使用新方法去搜索相关知识，增强记忆。

如 B 项所示，麦迪采纳的学习方法中的第二个要素是赶在考试前复习，而不是提早开始准备。麦迪说她会在一天内忘记所有复习的东西，所以对她来说，考试前临时抱佛脚是有效的。有研究表明，忘记复习内容的速度非常快，大多数内容在一天之内就会被遗忘。所以从表面看，麦迪的说法似乎得到了这项研究的印证。但是，如果你仔细观察这项研究，你会发现，其实大量被遗忘的内容甚至可以在一个小时之内发生。所以，死记硬背可能不是一个非常实际有效的方法。

更有效的方法是使用比死记硬背更复杂的学习技能，如第三部分"学习途径"中所述，这些方法被证明可以使记忆保持更长时间。使用这些方法甚至能使你在一周或更长时间后的延期测试中取得更好的成绩。例如，最近的一项研究发现，相比早早完成作业的工科学生，赶在截止时间前一天完成作业的学生的成绩更低（Rawson et al.，2017）。这就是为什么死记硬背不是一种良好的学习好习惯，也是为什么我希望你选 D 项的原因。

间隔留白的习惯

我们能从麦迪这种一步到位的学习方法中学到什么？她应该把学习时间分散开来，而不是试图在考试前一天集中精力一次搞定。她低效的学习习惯证明了"间隔留白的习惯"（spacing habit）的优点：在学习总时间相同的情况下，会分散时间学习的人比集中学习的人学得更好。研究表明，学生并不知道间隔留白作为一种有效的学习好习惯所带来的好处，甚至认为集中学习会使他们学得更好（Brown et al.，2014；Dunlosky et al.，2013）。同样，研究还表明，学生更倾向于随着考试日期临近增加学习时间（Rawson et al.，2017）。你可能很难摆脱这种死记硬背的习惯，但有充分的证据表明，如果你遵循以下这条简单的学习建议，你的成绩会提高：给自己预留足够的时间学习，并将其分散到不同的时间段而非把精力集中在考试前一天。

我该怎么做？

以下是培养间隔留白好习惯的一些具体方法：

1. 在你的日历上，安排好贯穿整个学期的分散学习内容。

2. 在整个学期范围内，为每一门课预留固定的学习时间。可以用不同的颜色标记不同的科目，用以区分。

3. 如果可以，简单标注每门课程的学习计划，包括在每个时间段学习什么、如何学习，跟踪每个学习目标的进展。

4. 根据需要，调整时刻表，包括在考试前几周根据需要增加额外的学习时间。

正如方框 6 中总结的那样，你的总体目标是确保自己在学期内平均分配多段学习时间，而不是赶在考试前安排一个冗长的学习时段。

方框6　如何运用间隔留白的学习好习惯

努力做到：
合理安排时段，分散学习内容。
注意避免：
在考试前一天临时抱佛脚。

参考文献

Brown, P. C., Roediger, H. L., & McDaniel, M. A. (2014). *Make it stick: The science of successful learning.* Cambridge, MA: Harvard University Press.

Dunlosky, J., Rawson, K. A., Marsh, E. J., Nathan, M. J., & Willingham, D. T. (2013). Improving students' learning with effective techniques: Promising directions from cognitive and educational psychology.*Psychological Science in the Public Interest,* 14 (1), 4–58.

Ebbinghaus, H. (1885/1964). *Memory.* New York: Dover.

Mayer, R. E. (2011). *Applying the science of learning.* Boston: Pearson.

Rawson, K., Stahovich, T. F., & Mayer, R. E. (2017). Homework and achievement: Using smartpen technology to find the connection. *Journal of Educational Psychology,* 109, 208–219.

穿插交错

斯泰西学统计

斯泰西（Stacy）正在准备统计课考试。本次测试成绩分析包括了三种统计检验："t 检验"要求比较两组学生的平均成绩的差异（例如老师 A 班的学生期末考试成绩与老师 B 班的学生期末考试成绩相比是否有明显差异）；"卡方检验"是比较两组学生的成绩是否在某些类别的比例上存在差异（例如老师 A 班和老师 B 班的男女比例是否有明显差异）；"相关检验"是比较两个变量之间的关系（例如调查学生身高与老师 A 班期末考试成绩是否具有显著相关性）。

斯泰西在日程表上安排了三个 1 小时的学习时段。第一个 1 小时，她学习了 t 检验的内容，并完成了一组 t 检验的相关练习题，还完成了纠错整理。接下来的两个学习时段，她用同样的方式复习卡方检验和相关检验。她为自己遵守学习计划而自豪，并相信自己会在测验中表现出色。她学会了用公式计算有关 t 检验、卡方检验和相关检验的题目。

考试那天，她坐在教室里，胸有成竹，笑容满面。然而，当她拿到试卷，心中却只剩下了困惑。看到试卷上第一道题时，斯泰西才发现，尽管知道如何根据每种统计测试的公式计算答案，但她不知道面前的问题属于哪种类型。在她复习的时候，所有的问题都是同一类型的，所以她只需要套入公式解题即可。但是考试中，这三类问题混合在一起，她不知道该怎么分辨。

穿插交错学习

斯泰西对学习时间的安排是有问题的。好的方面是，她专门为学习安排时间。但是，她采用了每一个学习时段只复习一个类型的板块式学习方法。你觉得她安排学习时间的方式怎么样？请在你认同的选项旁边打个钩：

□ A. 板块练习很好，因为你可以在完全掌握了一个知识点之后再进行下一项学习。

□ B. 板块练习很好，因为你可以专注于解决某一类问题。

□ C. 板块练习并不是最好的，因为它虽然教会了斯泰西该做什么，却没有告诉她什么时候做。

如果你勾选了 A 项和 B 项，这就意味着你认同斯泰西这种将学习时间分为几个板块，每段时间都集中在一个知识点的学习方式。然而，正如选项 C 所反映的那样，这种方法效果甚微。

让我们一起比较两种学习时间的安排方法。如果你有一定的学习时间来学习几个主题，可以使用两种方式安排时间：“板块练习”（blocked practice）是指在进入下一个主题之前只学习一个主题；“交错练习”（interleaved practice）是指将主题混合在一起并交替进行学习。

正如斯泰西在考试中遇到的问题所反映的那样，研究表明，在某些情况下，板块练习其实是一种不成功的学习习惯（Brown et al.，2014；Dunlosky et al.，2013）。逐个掌握知识点看上去有用，但是当你脱离课本解决问题时，你却不知道该如何解答，斯泰西就是个典型的例子。如果斯泰西使用交错练习的方法，她首先要简略复习所有的三项内容，然后试着解决一系列涵盖这三个知识点的综合性问题，接下来的两个时段重复上述步骤。

目前仍在进行的一项研究表明，在适当的情况下，交错练习比板块练习更有效（Brown et al.，2014；Dunlosky et al.，2013）。一个原因是跨学科练习可以使大脑在不同知识领域进行切换，比如在三节不同的课上分别学习三类内容，而不是在一个类别中一次性学很多（就像“学习好习惯 6”中提到的那样）。这样做还能帮助你学会区分不同类型的问题，你可以明晰如何解决问题，何时解决问题。设想在一节美术课上，你要辨认十位伟大艺术家的作品。假设每个艺术家有十幅画，每幅画下面都有艺术家的名字。在板块练习中，你可以先研究一位艺术家的十幅绘画，然后再查看第二位艺术家的十幅绘画，以此类推。而在交错练习中，你需要观察由十幅画组成的一组作品，每个艺术家一幅画，每组十幅画，以此类推。研究表明，交错练习可以更好地使你辨析艺术家及其作品（Kornell et al.，2008）。因为交错练习可以帮助你发现画作的差异，使你能够更容易辨别十位艺术家（或问题类型）。

穿插交错的习惯

正如我们所看到的，当你生硬地划分自己的学习时段时，某些情况下你可能正在变成一名不成功的学生。如果你选择了穿插交错学习，你则会成为一名成功的学生。我们在这个案例中学到的东西可以称为"穿插交错的习惯"（interleaving habit）：当人在不同的阶段学习不同种类的知识时，会比在单独的板块独立学习知识获得更好的学习效果。一般来说，学生在进行板块练习的过程中会有更好的自我感觉，因为他们觉得自己完全掌握了这个正在学习的知识点。然而在考试中，那些使用穿插交错练习方法的学生能取得更好的成绩（Kornell et al.，2008）。这表明你不能让一种自以为了解知识的错觉来决定安排学习时间的方法。虽然交错学习的好处并不是在所有的研究中都能体现出来，但我们有足够的证据给你这样一个简单的建议：当你有时间研究几个不同的问题或主题时，把它们混合在一起（或反复穿插交错）学习而不是尝试单独掌握某一个会更好。

我该怎么做？

一旦日历上设置了一些学习时间段，你就可以不断调整，然后在学习时不断穿插交替使用，例如使用以下策略：

1.每个学习时段，至少列出两个或三个不同的学习任务，这样你就可以采取交替学习。例如，首先为一节课的内容列出一个大纲，给自己作一个关于本章知识点的小讲座，再检查一遍包含关键术语的卡片；在下一节重复这个步骤，以此类推。这样，你就可以在学习中进行选择。

2.如果你有很长的学习时间段，可以选择在不同的课程中穿插交替学习。你可以列出首先要阅读课程 X 的资料，然后学习一会儿课程 Y 的相关内容，再返回阅读课程 X 的材料，接下来再回到课程 Y，以此类推。

方框 7 为你提供了一些练习穿插交错学习好习惯的方法。

方框 7　如何运用穿插交错的学习好习惯

努力做到：
在每一个学习时段穿插交错安排学习内容。
注意避免：
在每一个学习时段只安排一种不间断的学习内容。

参考文献

Brown, P. C., Roediger, H. L., & McDaniel, M. A. (2014). *Make it stick: The science of successful learning.* Cambridge, MA: Harvard University Press.

Dunlosky, J., Rawson, K. A., Marsh, E. J., Nathan, M. J., & Willingham, D. T. (2013). Improving students' learning with effective techniques: Promising directions from cognitive and educational psychology. *Psychological Science in the Public Interest,* 14 (1), 4–58.

Kornell, N., & Bjork, R. A. (2008). Learning concepts and categories: Is spacing the "enemy of induction"? *Psychological Science,* 19, 585–592.

学习好习惯 8

避免分心

一心多用好吗？

萨尔（Sal）和他的哲学教科书有个约会。他找了把舒适的椅子，把教科书和荧光笔放好，又用 20 分钟收拾心情，然后开始阅读哲学教科书中的指定章节。这种阅读材料非常乏味，为了使其更加有趣，他还随身带了耳塞和 iPad，这样他就可以（当然是在低音量的情况下）随心所欲地听喜欢的歌曲。他心里想，不管这些材料多无聊，随着音乐的节奏，自己都能手不释卷。对萨尔来说，一边听音乐一边看书，就像服用一剂苦药时加了一勺糖。

阿曼达（Amanda）坐在老位置上——大教室的第 10 排，听着天文学入门课，课桌上放着打印版的幻灯片和手机。教授翻着看似没完没了的幻灯片，每一张幻灯片都有清晰的标题和标注出来的要点，而阿曼达则将其与自己带来的打印版作着比较。其间，她迅速地给一个朋友发了一条当晚安排的短信，还要时不时地回复。她觉得自己完全可以兼顾这两件事，边听课边回复短信。事实上，她还觉得发短信有助于让自己保持清醒。

　　泰德（Ted）要写一篇很长的哲学课作业，而且明天就要交。他带着电脑到了校园咖啡厅，和几个健谈的朋友坐在了一张桌子旁。品着咖啡，和朋友们聊了一会儿，他打开电脑，开始写论文，浏览网站寻找灵感，然后敲击键盘输入文字。有时，他会偶尔问朋友一个问题，甚至还会继续与朋友攀谈；然后再回过头来继续写论文。咖啡厅里还有好几个电视屏幕，他不时地抬起头来关注下屏幕中滚动着的最新消息，而另一个屏幕上还有篮球比赛。据泰德说，这些短暂的休息能让他头脑清醒，和朋友坐在一起，被电视屏幕包围，可以让他保持一种写作的好心情。

　　这三个场景有什么共同点？在每一个场景中，学生在学习的同时还在忙别的事情。在每种情况下，学生都有一心多用的理由：萨尔一边阅读一边听音乐以保持既定的节奏，阿曼达在课堂上发短信以保持清醒，泰德在咖啡厅写论文，身边围着朋友和电视屏幕，以保持良好的心情。你可能会说，这是三个优秀学生的例子，他们能将一些无聊的学习任务与更令人愉快的环境结合起来，比如听音乐、发短信和会朋友。

学习场所

　　萨尔、阿曼达和泰德真的是优秀学生吗？在阐述我的观点前，请你在认可的选项旁边打钩：

　　□ A. 成长在数字时代的年轻人能够在不受影响的情况下实现一心多用。

□ B. 边听音乐边读书是一种好的学习方法。

□ C. 在课堂上发短信可以让你学习时保持清醒。

□ D. 在咖啡店和朋友一起学习有助于你保持良好的心情。

□ E. 任何让你分心的事情都对学习有害。

□ F. 大脑一次只能处理有限数量的材料，所以如果你专注于其他任务，就会分散注意力。

如果你选择了 A 项，显然你赞同一些技术领域且有远见的人的观点。然而，作相关研究的学者却无法以科学方法验证 A 项。确切地讲，正如杰弗里·霍姆斯（Jeffrey Holmes，2016）在《教育和学习的伟大神话》（*Great Myths of Education and Learning*）中描述的，研究表明，同时较好地完成多件事情只是一个谣言。例如，同时使用多种电子产品经验最丰富的学生中，边发短信、刷帖子、煲电话的学生往往在多任务的认知测试中表现最糟糕。此外，在课堂上发送和回复短信的学生在课堂上的所学也明显比在无手机环境中听课的学生少。简言之，多任务处理是一种导致学生不成功的原因。也就是说，你可以通过避免一心多用让自己走上学业成功之路。

同样，如果你选择了 B 项、C 项和 / 或 D 项，像萨尔、阿曼达、泰德一样，你也会成为一名不成功的学生。在我看来，本章所描述的学生都有一些不好的习惯。他们总是分心，从而限制了自身深度学习的能力。通过在学业和非学业任务之间来回切换，他们只涉及了表层学习，影响了自己的专注度。简言之，不专注的学习影响了学业成绩，如同被干扰的驾驶行为对于道路安全很危险一样。

相反，如果你选择 E 项和 / 或 F 项，那你选择了成功的方法。研究表明，你所做的任何能分散你对核心学术任务（如阅读、听力或写作）注意力的事情都会使你丧失深度学习的认知能力（Brown et al., 2018；Holmes, 2016；Mayer, 2011）。深度学习要求你具备分清主次、组织材料，并将其与长期记忆中的相关知识整合起来的认知能力（Mayer, 2011）。认知科学的一个核心发现是：人类的记忆能力非常有限，这使得我们无法同时处理太多项目（Mayer, 2011）。因此，如果你正处理"外部认知加工"（extraneous cognitive processing），也就是那些与学习无关的任务，你正在夺走可能用于"生成认知加工"（generative cognitive processing），也就是旨在理解所学的知识的能力，正如第三部分"学习途径"中所述的那样。当你剥夺了用来处理核心任务的认知能力时，就像一只手被绑在身后来做事一样困难。

避免分心的习惯

本章中描述的多任务三人组的例子强调了在"无干扰区"（distraction-free zone）学习的重要性，在该区域你可以将所有注意力集中在学习上，而无需为无关活动付出精力。根据"避免分心的习惯"（multitasking habit），在学习过程中，你从事的外来活动越少，学到的东西就越多。人往往一次只关注一个任务，实际上并没有多任务学习的情形。其实，同时进行两个（或更多）任务的人是在两个任务间来回切换。当人在应该听、读或写的时候处理无关的事务时，他们就丧失了作为学习者获得成功的机会。这类学生的失败在于没有阻止科技带来的干扰和影响，但是只要你搞清楚怎样在无干扰的区域里学习，你就可以成为一名成功的学生。

我该怎么做？

简言之，基于避免分心的习惯，我建议你找一个不受干扰的学习场所学习。杜绝类似电子产品带来的干扰，比如短信、游戏、阅读时的背景音乐、写作时的背景电视、课堂上浏览网页等。尽量减少干扰和影响，找一个没有太多响动、噪音、杂物，但光线充足、舒适、有足够空间供你学习的地方。关掉手机，把它放在视线之外。以下是我想提供的有关寻找或创建一个能够最大限度减少外部干扰的学习场所的策略：

1. 在阅读或学习时，关闭大声的音乐、视频或电视。

2. 在课堂上，请断开互联网连接。

3. 阅读、学习或上课时，请关闭手机和消息提醒。最好能把个人设备放在视线之外。

4. 找一个舒适的地方，有充足的照明，周围没有响动或交谈声。

谈到学习机会时，一个不受干扰的学习场所是成功学习的一个重要因素。学习需要你全神贯注，如何在学习过程中最好地使用认知系统是第三部分"学习途径"的主题。当你给自己找到了一个合适的学习场所时，你正在为成为一名成功的学生扫清障碍，正如方框 8 中总结的那样。

方框 8　如何运用避免分心的学习好习惯

努力做到：
在一个没有干扰或者打岔的地方学习。
注意避免：
学习时一心多用搞多任务活动，如听音乐、发短信和看视频。

参考文献

Brown, A. M., & Kaminske, A. N. (2018). *Five teaching and learning myths debunked.* New York: Routledge.

Holmes, J. D. (2016). *Great myths of education and learning.* Malden, MA: Wiley Blackwell.

Mayer, R. E. (2011). *Applying the science of learning.* Boston: Pearson.

消除焦虑

忧心忡忡的世界

玛加（Marga）坐在微积分导论课教室里，打开笔记本，准备记笔记。老师带着温暖的笑容和亲切友好的声音开始了上课："大家好。"玛加深吸一口气，希望这种轻松友好的气氛能一直延续下去。老师先在黑板上写下一个例题，一边解题一边解释每一步。但是，看着黑板上的数学符号，她开始紧张起来，很快，这种紧张和恐惧感开始遍布全身；头脑一片空白，消极的想法和忧虑瞬间侵占了头脑。她感到恐惧，没有记下任何有用的笔记，甚至听不懂老师讲的内容。

玛加怎么了？她似乎正遭受"学习焦虑症"（learner anxiety）的煎熬。这是一种情绪状态，源于学习者所预期的消极学业成绩或其他有害事件对他身心产生的影响（Maloney et al.，2012）。玛加的反应提醒我们，情绪也会影响学业成绩。

测测你的数学焦虑指数

举个例子，对于以下情况，请对你的恐惧和紧张情绪进行评分，评分范围为 1 至 5，1 表示没有负面情绪，5 表示有强烈的负面情绪。把你的评分写在每个陈述的左边。

□ 当你看到老师在黑板上演示数学题时。

□ 当你在进行数学当堂测验时。

□ 当你想到明天要数学考试时。

□ 当你在数学课上回答问题时。

□ 当你在为数学考试复习时。

这些项目来自一份更长的数学焦虑评分量表（Suinn et al.，2003）。如果你的总分是 15 分或以上，说明你表现出一些数学焦虑的症状，为了确保结论的准确性，你需要作一个经研究证明更长且更有效的调查（Suinn et al.，2003）。玛加在这个调查中评分很高。

学习要冷静

玛加该怎么解决焦虑问题呢？请在你认同的陈述旁边打钩：

□ A. 有点焦虑是件好事，它会激励玛加努力学习。不要怕有焦虑。

□ B. 玛加需要在学习中保持充分的冷静，她不必担忧和恐惧。

□ C.过度焦虑是件坏事，它让玛加无法对学习或自我表现有更深入的思考。她应该设法消除焦虑。

看到玛加的案例，我觉得一个人的消极情绪状态已经阻碍了她学习时应保持的清醒状态。你对学习的焦虑已经影响了学习机会，更有可能成为一个不成功的学生。就像在学习过程中身体分心，比如多任务处理会影响学习效果一样，情绪分心，比如学习过程中的焦虑情绪，也会影响学习机会（Maloney et al., 2012）。

让我们看看以上三种解决玛加情况的方案。A 项看起来是个合理的答案，因为研究表明，轻微焦虑情绪可以提高学习的表现。然而，你应注意"不要怕有焦虑"这样的假设，因为就玛加而言，焦虑是压倒性的，是过度的。A 项的问题在于，学习科学的研究表明，我们用于学习的记忆能力非常有限（Huang et al., 2016）。如果你总在焦虑，那就势必会无法进行有意义的学习。也就是说，如果你总是充满消极的想法，你可能就无法进行有意义的学习，比如分清主次，组织信息，并将新知识与从长期记忆中激活的相关知识联系起来。这就是为什么我不认同"不要怕有焦虑"这种建议。在第一部分"学习动机"的内容中，你探索了一些更有效的方法来激励自己学习，而过度的担忧肯定不是其中之一。

从表面上看，B 项表述的也对，因为过度的焦虑会干扰学习。但是，B 项有点矫枉过正了，因为让玛加在学习时忽略情绪状态，这是不现实的。因此 B 项也是不准确的。当一个人因恐惧而瘫痪，因紧张而僵硬，或者被焦虑压倒时，他们是无法光凭借着他人的指令屏蔽这些负面情绪的。简言之，有时将感觉和想法完全分开是不可能的，因此玛加需要想出更好的方法来对抗这种焦虑。

我最喜欢 C 项这一解决方案，因为它阐明了焦虑对学习的破坏性影响并提供了其他方法来使玛加对消极想法说"不"。基于研究结果得出的帮助玛加应对的方法，一种是在学习之前和整个过程中提供积极的支持，另一种是让玛加通过用文字表达自己的感受来发泄，比如写下自己的感受等（Huang et al.，2016）。最后，正如成功的生物反馈放松训练研究所建议的那样，玛加可以重新解释生理变化，例如心率增加是感受到挑战而不是威胁的信号（Aritzeta et al.，2017）。我们应该设法降低玛加在学习过程中紧张和恐惧的程度，这样她就可以腾出更多的记忆系统来提升学习效果了。

简而言之，如果你想成为一名成功的学生，拥有一颗清晰的头脑，摆脱消极的忧虑是创造学习机会的一个重要因素。

消除焦虑的习惯

玛加的案例表明，情绪状态会影响学习时的认知状态。"消除焦虑习惯"（anxiety habit）是指：当人没有消极的情绪时，他们会学得更好。当你想到自己有多紧张的时候，你就没有足够的认知能力去学习。基于消除焦虑习惯，建议你在开始学习之前，坦然面对焦虑，并找出解决的方法。

管理情绪的一种方法是进行表达性写作，把你的想法和感觉写出来。另一种方法是针对自我焦虑积极地进行自我对话，例如用书面或口头语言表达你对自己的信心。总的来说，给自己一个学习的机会，让自己有一颗清醒的头脑，而不是被消极的焦虑打败。

我该怎么做？

消除焦虑习惯可能很棘手，但以下是一些你可能想尝试的策略：

1. 写一段话，总结你的感受。

2. 给自己作一个简短的鼓舞士气的演讲，在演讲中说出一些积极的想法。

3. 深呼吸，让身体平静下来。

4. 使用一些树立信念习惯的策略（见"学习好习惯3"）来帮自己重塑你是一个有能力学习者的信心，能够应对面前的挑战。

如果实在无法控制学业焦虑，下一步就是寻求心理健康专家的帮助。例如，在心理健康专家的监督下，帮助控制焦虑的生物反馈训练，并将注意力集中在取得学业成功上。

总的来说，首先要勇于面对焦虑，但是你还需要找到方法来为学习创造一个更积极的心理环境，正如方框9中所总结的那样。

方框 9　如何运用消除焦虑的学习好习惯

努力做到：
学习的时候，远离消极的想法。
注意避免：
任由烦恼影响学习，这会促使你更努力地学习。

参考文献

Aritzeta, A., Soroa, G., Balluerka, N., Muela, A., Gorostiaga, A., & Aliri, J. (2017). Reducing anxiety and improving academic performance through a biofeedback relaxation training program. *Applied Psychophysiology and Biofeedback,* 42, 193−202.

Huang, X., & Mayer, R. E. (2016). Benefits of adding anxiety reducing features to a computer-based multimedia lesson. *Computers in Human Behavior,* 63, 293−303.

Maloney, E.A., & Beilock, S. L. (2012). Math anxiety: Who has it, why it develops, and how to guard against it. *Trends in Cognitive Science,* 16 (8), 404−406.

Suinn, R. M., & Winston, E. H. (2003). The mathematics anxiety rating scale, a brief version: Psychometric data. *Psychological Reports,* 92, 176−173.

专心致志

丹的白日梦

丹（Dan）坐在图书馆里一张破旧的书桌旁，绿色台灯亮着。图书馆有一个巨大的拱形天花板，墙壁上点缀着彩色玻璃窗。丹今天的作业是阅读一本 25 页的历史书。他环顾四周，看到其他学生或是正忙于在电脑上学习，或是翻阅着笔记本。他翻开书本开始阅读，感觉自己是一个成功的学生。

阅读的时候，他的思绪开始飘散：他想着其他同学，他们正在自习室里用功。他想象着自己从成功的未来回到现在，感受到成功生活的光辉。他想知道周围的学生在学习什么，想象着他们离开图书馆后要去哪里。他还想了想这个周末要举办的晚会。他想到了今天早上骑自行车的事，想到了姐姐在高中时遇到的一个问题。他甚至想自己有多爱巧克力，想象着自己买了一块糖果。

他现在准备休息一下，其实他已经神游已久，他发现自己已经完成了阅读任务中的大部分内容。总的来说，这是一次完美的学习经历，丹自言自语道。

第二部分
学习机会

专注于手头的任务

丹的阅读方法是阅读时思绪飘散，漫游西东。他认为这会让他放松，享受阅读体验。也许你也觉得这是个合理的想法。为了帮助你思考这个问题，请在你认为有意义的陈述旁边打钩。

□ A. 让思维在阅读时飘散，有助于你放松和吸收知识。

□ B. 让思维在阅读时飘散，让头脑充满了成为一个更有创造力读者的想法。

□ C. 在读书的时候神游其实是一种干扰的形式，阻碍你深入理解所读材料的实质内容。

□ D. 那些在阅读过程中容易分神的学生往往会学得更多。

如果你勾选了 A 项或 B 项，这就是"半桶水晃荡"，没有将精力集中在一个领域，而是试图找一些积极的想法让思维漫游。尽管世上的确存在神游对人有帮助的情况，但学习时的分神并不是题中之意。思维漫游可能有助于解决创造性问题，但它对阅读理解有害，尤其是阅读的材料有难度时更是如此（Feng et al., 2013）。因此，很遗憾地告诉你，那些勾选了 A 项或 B 项的人，赞同的是那些不成功学生的习惯。

我们怎么知道某人的脑子在神游？一种方法是给他们一个文本，让他们在不同的地方阅读并打断他们，询问他们是否走神了（Smallwood et al., 2015）。总的来说，研究

· 057 ·

表明，在阅读过程中，经常走神的人在阅读理解测试中表现较差（Smallword et al.，2015；Feng et al.，2013）。因此，如果你想采取一种经科学研究证明有效的方法来解决思绪神游问题并成为成功学生中的一员，你应该选择 C 项和 D 项，不能选 A 项和 B 项。

什么是思绪神游？当你的注意力从主要任务（如阅读课文或听课）转移到与任务无关的想法时，就会出现思维混乱。思绪神游是如何造成伤害的？你的认知能力是有限的，所以你一次只能处理有限数量的信息。简言之，当你的思维游离时，你正在将自己有限的注意力专注于外来信息的处理（即与学习目标无关的处理）。当你使用有限的认知能力进行外部处理时，你就没有足够的能力去理解所读资料上的内容。你的眼睛可能在看纸上的单词，但你根本没有理解这些材料，因为现在的你缺乏所需的认知能力。这就是为什么当学习的内容对你来说有困难的时候，思绪神游是特别有害的。

专心致志的习惯

正如你所看到的，在阅读、学习或上课的时候任由你的思绪飘荡，你就在养成一个不成功学生的习惯。丹做白日梦的例子从另一方面证明了"专心致志的习惯"（mindfulness habit）：当人们把注意力集中在手头的任务上时，他们会学习得更好。在你努力成为一名成功学生的过程中，你的目标应该是养成专心致志的习惯，始终保持对手头任务的专注状态。

我该怎么做?

应该养成专心致志的习惯。告诉自己:"注意了,蠢货!"这不是一个有效的提升专注的策略。你要学会保持清醒的头脑,这样才能把注意力集中在当前的任务上。试图抑制不该有的想法并不是有效的方法,集中于当前的任务才是。对于专注训练,你可以尝试一种冥想的方式,每天练习十分钟,挺直了背坐着,闭上眼睛或低下头,把注意力集中在呼吸上,试着不去考虑那些分散注意力的想法。让你的心智得到休息,而不是主动抑制不要想的想法。研究表明,这种专注训练可以减少阅读时的思维混乱,提高阅读理解能力(Mrazek et al.,2013)。基于这项研究,我建议你每天做几分钟的练习,让注意力集中在感官体验上,比如呼吸。你需要一些关于如何练习专注的培训和指导。学着敞开心扉,准备好学习如何让你成为一名成功学生的方法,就像方框 10 中所总结的那样。

方框 10　如何运用专心致志的学习好习惯

努力做到:
把注意力集中在学习任务上。
注意避免:
学习时思绪飘散,心神不定。

参考文献

Feng, S., D' Mello, S., & Graesser, A. C. (2013). Mind wandering while reading easy and difficult texts. *Psychonomic Bulletin and Review,* 20, 586–592.

Mrazek, M. D., Franklin, F. S., Phillips, D. T., Baird, B., & Schooler, J. (2013). Mindfulness training improves working memory capacity and GRE performance while reducing mind wandering. *Psychological Science,* 24 (5), 776–781.

Smallwood, J., & Schooler, J. W.(2015).The science of mind wandering: Empirically navigating the stream of consciousness. *Annual Review of Psychology,* 66, 487–518.

第三部分　学习途径

学习好习惯 11

复读澄清

艾宾浩斯的奇怪案例

假设我要求你以每秒一个字母的速率朗读以下无意义音节：

POS

MAF

REH

NIZ

VEQ

XAB

DUL

TOR

首先，你会说"P-O-S"，等一秒，再说，"M-A-F"，以此类推。然后，合上这本书，大声数到 30，按顺序写下尽可能多的三连音。如果你和大多数人一样，那么你在这项学习任务中的表现不会太好。

假设一天我给你一个同样含有八个无意义音节的表，

请你以每秒一个三连音的速度逐个字母朗读。接着，我让你再读一遍。一遍又一遍，最后再读一遍。然后，我又让你合上书本，数到 30，再按顺序写下尽可能多的三连音。如果你和大多数人一样，在多次重复朗读后，那你在这个学习任务上做得会比仅读一次要好很多。

19 世纪末，艾宾浩斯以自己为唯一的参与者进行了多次类似的实验（Ebbinghaus，1885/1964）。他提出了学习的首要原则（这个原则现在仍然是学习科学的首要原则）：阅读一份材料的次数越多，记忆就会越牢固。自从 1885 年发表了关于重复律的最初证据后，重复律被大家提及的次数已经多到数不清了。

艾宾浩斯的奇怪案例与你的学业成绩有什么关系？对于现代学习者来说，重复律最直观的含义似乎就是：在完成阅读任务时，你应该阅读一次材料后再重新阅读一遍。虽然这个主意听起来是常识，但是让我们来探讨重新阅读材料是不是一种有效率的学习方式吧。

重读有用吗？

重读律的意思就是先阅读一遍而后再重新阅读每一篇布置的材料吗？请在你认为正确的一项陈述旁边打钩。

□ A. 阅读和重读应该是第一学习策略，因为这是大家学习时首选的策略。

□ B. 阅读和重读应该是第一学习策略，因为其体现了首要学习原则。

□ C. 对你来说，阅读和重读可能不是学习策略的最佳选择。

□ D. 一旦你已经将材料阅读了一遍，重读就是在浪费时间。

如果你选择了 A 项，那么你认为重读的确是一个十分受欢迎的学习策略。近期的调查（Miyatsu et al., 2018）发现，在参与调查的 1500 名学生中，有 78% 的参与者表示他们常用重读策略。重读之所以广为应用在于其简单易行。然而，即使你认为重读是有用的，也并不表示重读总是有效的。研究表明，重读通常是无效的（Miyatsu et al., 2018；Dunlosky et al., 2013）。

如果你选了 B 项，那么你很看重学习时间的效用，正如重复律所反映的那样，是合理的。但是，将重读总结为一种有效的利用学习时间的方法是不正确的。将重复视作有效的方法应该是指在集中学习上花的时间越多，学习的知识便会越多（正如我们在"学习好习惯 5"中所探讨的那样）。当你阅读后立刻重读，而且第二次只是简单地重复每一个单词，那么重读并不会很有用。更多的学习时间是指只有当你明智地使用它时才会对学习有帮助。可能还有其他的学习策略能够更有效地利用学习时间，因此 C 项才是最佳的选项。

这是否意味着，作为一种学习策略，重读是完全没有用的？事实上，有研究表明，有一些方法可以通过重读来提升学习效果（Miyatsu et al., 2018；Ponce et al., 2014），因此你可能并不想这么快就选择 D 项。首先，当第一次和第二次阅读之间有一段时间间隔时，重读是最有效的（这和"学习好习惯 6"中的"间隔留白的习惯"一致），而不是阅读一遍就立刻重读。第二，在阅读材料时，你发现对材料的理解有一些问题时，或意识到意思不是很明确，或者与前面的材料有些冲突时，你就应该将这一部分材料重读一遍。关注自己对所读材料的理解程度，称为"理解监测"（comprehension monitoring）。当你意识到无法理解所读内容或感觉有矛盾时，一个有用的应对方式就是，仔细地将材料的相关部分重读一遍，以便于解决问题。这会促使你深入地学习，这也是成功学习的一个特点。第三，在与其他策略（如善作小结或结构映射）结合使用时，重读材料的相关部分也是有用的。为了明确善作小结或结构映射中要写的内容，你可能需要重读材料的相关部分。

复读澄清的习惯

"复读澄清的习惯"（rereading habit）是指：当人们重读材料中那些需要澄清的或应用其他学习策略（如善作小结或结构映射）的部分时，学习效果会更好。在这种情况下，你需要重读对于理解有帮助的部分，这样你就可以就这一部分进行阐释、总结或概括。这种习惯的反面是，当你只是将刚刚阅读的材料中的每个语词再重复读一遍时，重读就是无济于事的。

总的来说，重读的潜在好处取决于你的目的。如果你将材料中需要澄清或者运用其他学习策略的部分重读一遍，那就是"策略性重读"（strategic rereading），能够改善学习。如果你只是将每一个语词重读一遍，没有理解材料，那就是"机械性重读"（mechanical rereading），这当然不是改善学习的最佳方案。如果你一直采取机械性重读，那么你就进入不到成功学生的队伍。为了成为一名成功的学生，你需要学会策略性地重读——自己澄清或者利用其他学习策略（如善作小结或结构映射）弄懂那些令人困惑的材料。

我该怎么做？

重读是一种常见的学习策略，它可以有效（如帮你理解材料），也可以无效（如在没有理解的情况下逐字地重复阅读）。为了使重读效果最大化，我建议你尝试以下策略：

1. 阅读课本时如果遇到不理解的句子，停下来并重读，以确保理解。

2. 如果有必要，将相关句子也读一遍，以便于保持信息一致性。

3. 重读材料中重要的部分。一旦重读后考虑应用相应的学习好习惯，如尝试自我解释（见"学习好习惯 19"）或善作小结（见"学习好习惯 14"）。

重读的目的不是帮你记住作者的措辞，而是理解作者的意思，正如方框 11 中所总结的那样。

方框 11　如何运用复读澄清的学习好习惯

努力做到：
当你在课本中遇到无法理解或者对于理解很重要的句子时，应将该句子（以及相关材料）重读一遍。
注意避免：
逐字阅读课本中的每一个单词，读完再读一遍。

参考文献

Dunlosky, J., Rawson, K. A., Marsh, E. J., Nathan, M. J., & Willingham, D. T. (2013). Improving students' learning with effective learning techniques: Promising directions from cognitive and educational psychology. *Psychological Science in the Public Interest*, 14(1), 4–58.

Ebbinghaus, H. (1885/1964). *Memory*. New York: Dover. (Originally published in German in 1885)

Miyatsu, T., Nguyen, K., & McDaniel, M. A. (2018). Five popular study strategies: Their pitfalls and optimal implementations. *Perspectives on Psychological Science*, 13, 390–407.

Ponce, H. R., & Mayer, R. E. (2014). Qualitatively different cognitive processing during online reading primed by different study activities. *Computers in Human Behavior*, 30, 121–130.

划出重点

请认识"马克笔马克"

马库斯（Marcus）和自己的黄色马克笔有着非常亲密的关系。他喜欢将笔盖拔出后能装在底部的操作，喜欢用马克笔涂在纸上的感觉，甚至喜欢马克笔散发的味道。从上大学的第一天起，他就收集了一堆黄色马克笔，放得到处都是。

朋友戏称他为"马克笔马克"（或者直接称"马克"），因为他的口袋里永远都有黄色的马克笔，信手拈来。在读课本时，他会用它划出每一页的重点。在阅读那些从课程网站上下载的讲义时，他也会用它划出喜欢的句子。在阅读从课程博客上打印出来的课程材料时，他也会用它划出一些内容，夹到自己的课程笔记本中。简而言之，只要纸上有文字，在看到自己喜欢的句子全被标黄之前，"马克笔马克"是不会停歇的。

马库斯正在阅读哲学教科书的导论章节。他发现了一些相当重要的观点，所以迅速拿出了黄色马克笔。他在每一页的纸上都划满了记号。马库斯在座位上向后靠了靠，一边笑着一边吹着马克笔，就像吹着从一支刚刚打响的手枪里冒出来的烟一样。他很喜欢马克笔，因为这让他感觉自己能够掌控自己的学习。

真的管用吗？

如你所见，马库斯——别名"马克笔马克"——相信划出重点是一个有效的学习策略。真的吗？你怎么认为？请为以下认同的选项打钩：

□ A. 划出重点将被动的阅读任务转化为主动任务，可以促进学习。

□ B. 划出重点一定是有效的，因为那么多学生采用这种方法。

□ C. 划出重点经常是无效的。

□ D. 划出重点是没用的。

A 项有一定的吸引力，因为划出重点确实会使你在行为上主动做事，但是研究表明，学习需要的是认知活动，而不是行为活动（Ponce et al.，2014）。行为活动并不一定会自动转换成深度学习所需要的认知活动，也就是关注相关的信息，在认知上将其组织成一个连贯的结构，并将其与长期记忆中激活的相关经验知识相整合。因此，你不应该仅仅因为划出重点涉及了行为活动而选择 A 项。

选项 B 也有一定的吸引力，因为研究已经证明划出重点是学生的常用手段。事实上，近期的一篇评论（Miyatsu et al.，2018）也得出结论：在参与调查的学生中，有超过一半表明会在阅读的过程中使用划出重点这个学习策略。然而，很常用并不意味着有效。事实上，研究还表明（Miyatsu et al.，2018；Dunlosky et al.，2013）划出重点常常是无效的，因此你不应该仅仅因为学生常用荧光笔划出重点这一策略而选择 B 项。

如上所述，划出重点是一个很受欢迎但不一定有效的学习策略，所以你应考虑选择 C 项。一些常见的问题就是，学生因缺乏经验，无法辨别重要和不重要的信息，所以他们的应对方法就是将几乎所有的东西都划出来。尤其是年轻的学习者更倾向于滥用荧光笔划出重点（Miyatsu et al.，2018）。简而言之，当学生缺乏必要的元认知技能来分辨课程中的重要内容时，划出重点是无效的。

这是否意味着划出重点，就如 D 选项中所说的那样，是完全无效的？事实上，研究表明：在某些条件下，用荧光笔划出重点是有效的：

1. 当学生对于划出重点有足够经验时（例如对于表现优异或者较年长的学生）。

2. 当学生接受关于如何划出重点的培训和指导时。

3. 当学生将划出重点和其他学习策略（例如作为善作小结或者结构映射的准备）并用时（Miyatsu et al.，2018；Ponce et al.，2014）。

因此，你不应该选择 D 项，你可以保留那支黄色马克笔，可以将其作为一种备用方法。如你所见，成为一名成功的学生包括知道如何划出重点作为深度学习的第一步。

划出重点的习惯

　　划出重点的学习策略包括在文本中划下划线或者标记重点部分。"划出重点的习惯"（highlighting habit）是指：人们在阅读时划出重点不一定会学得更好，但是如果他们知道如何正确划出文本中的主要思想并且跟进深入学习的策略（如善作小结或结构映射）时，可以学得更好。

　　划出重点的魅力就在于它易于使用，但是缺点在于很容易用错（比如过度使用或划出不重要的内容）。就其本身而言，作为一个自学的学习策略，即使它在你的同龄人中很受欢迎，也不一定会给你想要的结果。你可能需要接受甄别课程重点的培训和指导，比如学会生成一个关于学习材料结构的大纲。一旦你生成大纲，它便会让你明晰应该划哪些重点，你甚至可以为划出的重点标上序号，并标注一个标题。换句话说，当你知道如何辨别重要的信息时，当你知道将划出重点与其他如善作小结（见"学习好习惯14"）或结构映射（见"学习好习惯15"）等学习策略并用时，它才是有效的。在成为成功学生的征途中，你需要慎重地使用那支黄色马克笔。

我该怎么做？

　　划出重点是一个常用的学习策略，它可以有效（例如帮助你理解学习材料），也可以无效（例如帮助你逐字逐句地记住学习材料）。如果你想要将划出重点应用到成功的学习中，我建议你考虑以下策略：

1. 给自己找一个喜欢用来划出重点的工具（可以包括其他一些工具）。就个人而言，我更喜欢使用黄色荧光笔（事实上，我身上总有一支），当然，你可以随意选择任何颜色的荧光笔，也可以选择用笔划出下划线或圈出重点。

2. 当你找到一个需要定义的重要术语时，用黄色荧光笔划出，再划出定义。你还可以用笔在中间画出一个从术语指向定义的箭头。

3. 当你遇到上位术语和下位术语时（如记忆库的类型），用黄色荧光笔划出上位术语（如"记忆库"）和下位术语（如"感觉记忆""工作记忆"和"长期记忆"）。或许你还可以用笔在上位术语下划一条线，再给每个下位术语标号，如"1）""2）""3）"。你还可以直接用笔写出，而不是用荧光笔划出上位术语。

4. 当你遇到过程中的步骤时，用荧光笔划出每个步骤的关键部分，再用笔加箭头或者在每个步骤前标序号。另外，你可以划出过程的名称，或者直接写在步骤前。

5. 当你遇到一个需要记忆的重要信息时，用荧光笔划出关键词（不要多余的、突出细节的词）。你还可以用笔划出最重要的信息，例如数字或术语。

6. 将划出重点和其他学习策略并用（如善作小结或结构映射）。打个比方，当在课本中划了一部分重点后，就可以用划出的内容写一个总结（基于"学习好习惯14"善作小结的习惯）或者结构映射（基于"学习好习惯15"结构映射的习惯）。

划出重点时，你的目标是寻找关键术语和定义、层级结构中的元素（如系统的各个部分）、流程中的步骤、重要事实以及课程核心信息。如果你只是将每个喜欢的句子划出或标出，那将错失划出重点作为学习辅助的强大力量。

方框 12　如何运用划出重点的学习好习惯

努力做到：
当你遇见重要的词或句子时，划出来。
注意避免：
将几乎所有句子都划出，以便于让自己记住。

参考文献

Dunlosky, J., Rawson, K. A., Marsh, E. J., Nathan, M. J., & Willingham, D. T. (2013). Improving students' learning with effective learning techniques: Promising directions from cognitive and educational psychology. *Psychological Science in the Public Interest*, 14(1), 4–58.

Miyatsu, T., Nguyen, K., & McDaniel, M. A. (2018). Five popular study strategies: Their pitfalls and optimal implementations. *Perspectives on Psychological Science*, 13, 390–407.

Ponce, H., & Mayer, R. E. (2014). An eye-movement analysis of highlighting and graphic organizer study aids for learning from expository text. *Computers in Human Behavior*, 41, 21–32.

提前习得

路西的表和弗朗西的抽认卡

路西（Lucy）认为自己是一个非常认真的学生。在政治课上，她发现书本上和老师的讲义中，有许多不理解的术语。为了即将到来的周测，她在第一周就复习了课本和笔记，将每一个术语和定义都抄到了黄色的纸上。她认为抄写这些定义有益于强化记忆。虽然抄写很麻烦、无趣，但是路西相信在周测的时候一定会有用。

她的同学，弗朗西（Francine），从来都是手不离一堆卡片——3×5英寸（1英寸为2.54厘米——译者注）的抽认卡，一面印着术语，另一面印着定义。弗朗西仔细地阅读了课本和课堂笔记，为政治课作准备。每当她看见一个新的术语，便仔细地将其抄到卡片的一面，然后将作者或老师的定义抄到另一面。只是看课本的第一章和第一周的课堂笔记，她就已经有一大堆用厚橡皮筋绑在一起的卡片。每当她有时间就会迅速拿出抽认卡，比如在上学的公交车上时、课间坐在长凳上休息时或在食堂吃午饭时。她的流程总是一样的：拿出最上面的卡片，阅读术语并努力回忆定义，再将卡片翻过来读术语的定义，检查自己是否正确，最后将卡片放到最下面。她就是这样将那叠卡片复习了几遍。

列表学习与翻转学习

我们可以说路西的方法是列表学习（listing by learning），而弗朗西的方法是翻转学习（flipping by learning）。她们的学习策略真的有效吗？或者，她们有表现出不成功的习惯吗？让我来看看你是怎么想的。请在以下你同意的选项旁边打钩：

□ A. 将定义逐字逐句抄下来估计不是最好的学习方法。

□ B. 用抽认卡会更可取，因为这是很多学生使用的方法。

□ C. 用抽认卡测试可能不是学习大多数材料的最佳方案，但是在某些情况下（如学习关键术语的定义）可能是有用的。

□ D. 两种方案都比完全不看笔记和课本有效。

也许你认为抄写定义是一种有用的学习策略，因为它会让你积极地与课本或讲义中的学习内容互动。因此，你很有可能会选择 A 项。然而，当我看到路西时，我就会想起一句明智的格言：促进学习的是认知活动，而不是行为活动。尽管确实涉及了实际操作，但是抄写（如逐字逐句抄写文字）或遮盖（如将文字念出来）都被证明是相当无效的学习方法（Nguyen et al.，2018；Dunlosky et al.，2013）。相反，用自己的语言总结材料是有效的（如"学习好习惯 14"中"善作小结的习惯"所探讨的那样）。如果你将逐字抄写作为主要学习形式，你可能会成为一名不成功的学生。这就是我会选择 A 项的原因。

那么抽认卡呢？如果你选择了选项 B，你对于抽认卡很受欢迎这个评估是正确的。最近的一篇评论（Miyatsu et al.，2018）发现，55% 的大学生说他们会使用抽认卡来促进学习。然而，研究并不支持将抽认卡作为主要学习策略（Miyatsu et al.，2018；Dunlosky et al.，2013），所以我在选 B 项前会犹豫一下。和弗朗西一样，如果你经常使用（和"学习好习惯 5"中的"规划时间的习惯"一致）并且保证应用间隔留白的方法（和"学习好习惯 6"中的"间隔留白的习惯"一致），便可以提高抽认卡的有效性。还有一些证据表明丢弃那些已经掌握了的卡片会提高效率，但是许多学生不知道如何丢弃，有时候只是记对了一次就丢了（Kornell et al.，2008）。

抽认卡什么时候有用？我不得不承认我对抽认卡的态度很矛盾，因为抽认卡只是用来记忆孤立信息的，无法形成深入的理解。然而，我必须承认，有时死记硬背是必要的，在这些少数情况下，使用抽认卡是合适的。比如，有证据表明，在帮助学生记忆定义、医学术语和外语词汇时，抽认卡是有效的（Miyatsu et al.，2018；Schmidmaier et al.，2011）。因此，弗朗西使用抽认卡学习关键术语的定义是正确的，因此应在 C 项处打钩。不过，利用抽认卡来学习新概念时，你可能成为一名不成功的学生。

最后，你可能选了 D 项，因为你觉得做点什么总比什么都不做好，我不得不赞同只要你所做的事情增加了思考材料的时间（同"学习好习惯 5"一致）总是好的。不幸的是，机械地、逐字逐句地抄写材料估计不会让你充分思考材料，因此这个学习策略的有效性是最小的。如果你想成为一名成功的学生，你应该用更好的方法利用学习时间学习那些需要学习的内容。在一些非常有限的条件下（如记忆一些关键定义），你可以考虑用抽认卡，但是应该与本节所探讨的原则相一致。

提前习得的习惯

我承认，记忆毫无关联的信息不是我最喜欢的学习方式。因此，本书的大部分内容都是为了帮助你理解材料而不是单纯记诵。不过，我也要承认，有时课程中可能会有少量的内容是需要记忆的。比如，在数学课上，你可能需要记忆关键术语的定义或者关键计算的公式；在生理课上，你可能需要记忆人体中每个骨头的名字和位置；在编程课上，你可能需要记忆主要命令的名字和定义；还有在外语课上，你可能需要记忆词汇，比如英语的"狗"就是西班牙语的"perro"。在这些情况下，记忆最基本的事实可以让你更理解课程中的概念。

这就有了"提前习得的习惯"（pretraining habit）：当人们已经知道关键术语的名称和特征时，他们才能更好地学习有挑战性的概念。诸如抄写或逐字逐句重复课本内容之类的粗暴方法尤其无用，而且效率很低，但是其他助记术在记忆独立的信息片段时可能很有效。"助记技术"（mnemonic techniques）就是死记硬背的方法。比如，当你想要记住一个问题的答案或者一个术语的定义时，精心制作的抽认卡可能是有效的，特别是给与间隔留白（"学习好习惯6"中所讨论的）、穿插交错（"学习好习惯7"中所讨论的）和自我检查（"学习好习惯17"中所讨论的）结合使用时。尽管使用抽认卡被认为是一种有限的自测形式，其关注学习配对的信息（如定义），但研究表明，在更广泛的材料上进行自测是一种有效的策略。更广泛的自测形式在"学习好习惯17"中得到了验证。

"关键词方法"（keyword method）可能是助记技术中记忆配对的信息（比如一个词从一种语言翻译成另一种语言）最好的方法。在关键词方法中，你从识记词开始，如"perro"，然后把它变成一个有相似读音的关键词，如绿色水果"梨"（英语为"pear"，与"perro"读音相似），这是声音链接。然后，你以反应词"狗"形成一个和关键词互动的心理意象，比如一条狗嘴里叼着一个梨快乐地在路上走，这就是图像链接。这样的话，当我问你"perro"是什么意思时，你就会想起"梨"（pear），也会想起一条嘴里叼着梨的狗，所以你说"狗"。关键词方法可以在小范围内（如记忆外语词汇）非常有效。但这种方法使用起来十分乏味，学生常常避免使用关键词方法。学生需要长期的训练，可能在构建关键词上也需要帮助。

总的来说，像关键词方法或抽认卡这样的助记技术在某些有配对信息（如术语和定义，或外语词汇）的情况下可以有效使用，但是使用起来可能比较困难并且会耗费一些学习时间。

我该怎么做？

抽认卡是一种常用的学习工具，所以让我们来看一些建议，从而帮助你有效地应用于学习中：

1. 给自己准备足够的 3×5 英寸的卡片（如果你更喜欢别的尺寸也可以）和几根橡皮筋。我个人更喜欢白色的卡片，但是你可能会想要使用有横线和 / 或淡色的卡片（如粉色、黄色、蓝色等）。

2. 学习定义时，要先从课程中选择关键术语和定义。将术语写到一面，定义写到另一面，并尽量减少字数。

3. 学习外语词汇时，用一种语言将单词写到一面，再用另一种语言写到另一面。比如，如果你要练习西班牙语和英语互译，你可以将 "perro" 写到一面，"dog" 写到另一面。

4. 制定一个管理卡片的方法。最好将一叠卡片限定在一个可控的范围内，比如课本的一个章节或一次上课讲义。一旦你完全掌握了，就把卡片丢弃，这样会更有效（比如在连续三次记对了之后）。一旦你准备好了卡片，你可以一次又一次地记忆。打个比方，你可以先看最上面一张的关键术语并背出它的定义。然后，将卡片翻过来检查你背对了没有。如果对了，在角落里打个钩（或者折一下角，或者设计其他跟踪方法）；如果错了，在角落里打个钩（或展开一个先前折叠了的角）。当你连续三次记对了，将卡片移到"已经掌握的那一叠"中去，并骄傲地系上橡皮筋。持续努力，直到所有卡片都被移到已经掌握的那一叠。

5.将间隔留白（见"学习好习惯6"）、穿插交错（见"学习好习惯7"）和自我测试（见"学习好习惯17"）和抽认卡并用。你还需要规划时间（见"学习好习惯5"）以作好规划。

抽认卡并不是我最喜欢的学习策略，但是它可以帮助你掌握一些关键词汇。这会更好地帮助你更深入地理解并学习主要材料，因此，当你将抽认卡仅限于适当的学习内容时，它可以帮助你成为一名成功的学生。

方框13　如何运用提前习得的学习好习惯

努力做到：
在理解学习材料之前，先学习关键术语的意思。
注意避免：
你只需要学好材料，不用担心关键术语。

参考文献

Dunlosky, J., Rawson, K. A., Marsh, E. J., Nathan, M. J., & Willingham, D. T. (2013). Improving students' learning with effective learning techniques: Promising directions from cognitive and educational psychology. *Psychological Science in the Public Interest*, 14 (1), 4–58.

Kornell, N., & Bjork, R. A. (2008). Optimising self-regulated study: The benefits and costs of dropping flashcards. *Memory*, 16, 125–136.

Miyatsu, T., Nguyen, K., & McDaniel, M. A. (2018).

Five popular study strategies: Their pitfalls and optimal implementations. *Perspectives on Psychological Science*, 13, 390–407.

Schmidmaier, R., Ebersbach, R., Schiller, M., Hege, I., Holzer, M., & Fischer, M. R. (2011). Using electronic flashcards to promote learning in medical students: Retesting versus restudying. *Medical Education*, 45, 1001–1110.

善作小结

爱拷贝的卡丽

卡丽（Carrie）坐在教室的第一排，正在准备上统计课。她手里握着铅笔，笔记本摊开在桌上。老师一开口，她就振作起来，试图将老师讲的每个词都抄下来。有时她可能会错过一些，但是她知道尽可能多地记下老师的话是很重要的。对于老师在黑板上写的东西也一样。卡丽努力确保把黑板上的所有东西都抄到笔记本上。

例如，当老师说，"今天我们将探索标准偏差的奇妙世界，这让我想起去科罗拉多旅行的那段时间"，卡丽就会在笔记本上写"今天—探索标准偏差奇妙世界—让我想起去科罗拉多旅行"。

卡丽为自己记笔记的能力感到骄傲。在她看来，笔记应该是老师说话的讲义，所以复习时，她的笔记本里就会有整个讲座内容。还有什么比老师课上说的话更适合学习的吗？

会拷贝有什么问题？

你可能认为卡丽是一个有着良好学习技能的优秀学生。虽然我必须承认她是一个认真的学生，但我认为我们应该仔细考虑她是否算一个有效学习的学生。请在以下你认同的选项旁边打钩：

□ A. 记笔记不是一种有效的学习策略，因为它会分散你对上课或课文的注意力。

□ B. 记笔记是一种受欢迎的学习策略，所以它一定是有效的。

□ C. 逐字逐句记笔记是一种优秀的学习策略。

□ D. 善作小结记笔记是一种优秀的学习策略。

如果你倾向于选 A 项，你很有可能正在问自己："为什么要记笔记？"你可能跟自己说："如果我忙着写字（或在电脑上打字），我无法注意或思考老师所说的话。"表面上看，你的想法似乎不错，但是研究表明，如果有效地使用主动的学习策略（如在听课中记笔记），可以使你学习进步（Miyatsu et al.，2018；Fiorella et al.，2015；Dunlosky et al.，2013）。因此，你可能不想选 A 项。

选项 B 也很吸引人，因为记笔记确实是一种很受欢迎的学习策略。近期的一篇综述（Miyatsu et al.，2018）研究了参与几个不同研究的 1500 名学生，发现 30% 的学生常用记笔记来学习。不过，不是所有形式的记笔记都是有用的，所以你不应该选 B 项。记笔记并不意味着学习会有所提高。你需要了解如何有效地记笔记，所以让我们继续看下一个选项。

你可以看到，爱拷贝的卡丽就是 C 项的倡导者，但是卡丽对学习过程的看法和我们所知晓的学习科学是冲突的。让我们来考虑一下记笔记在学习过程中是如何影响认知的。为了进行有意义的学习，在学习的过程中，你需要进行三种认知加工（Fiorella et al.，2015）：

选择（selecting）：注意相关材料。

组织（organizing）：将输入的材料组合成一个连贯的结构。

整合（integrating）：将输入的信息与从长期记忆中激活的相关原有知识建立联系。

当你像卡丽那样逐字逐句记笔记时，你会用尽有限的认知处理能力，把注意力集中在记下尽可能多的语词上，这样就没有更多的认知能力去思考什么是重要的（例如选择）或者重新组织材料（例如组织）或将它与你已知的内容联系起来（例如整合）。你可能会记下几串单词，但是你没有参与有意义的学习所需要的认知过程。因此，在检测对材料理解能力的考试上，卡丽不太可能会成功。

另一方面，对于 D 项，你采用善作小结的方法记笔记可以促进有意义的学习。作总结的时候，你要考虑什么是重要的，可以放入总结中（例如选择），你还需要将选出来的内容整理成一个段落（例如组织），然后用自己的语言写出来（例如整合）。研究表明，在读或听的时候总结可以提高平均 0.5 个标准差的考试成绩，这足以使你的成绩提高至少一个水平（Fiorella et al.，2015）。

善作小结的习惯

当你用以自己的话作总结的学习策略时，你会用你自己的话复述一节课上的主要思想，通常是写一个总结。"善作小结的习惯"（summarizing habit）是指：当人们用自己的话总结一节课上的主要思想时，他们会学得更好。为了避免像爱拷贝的卡丽那样使用不成功的学习习惯，你可以通过善作小结笔记并且从老师或更成功的同龄人那里得到一些指导从而成为一名成功的学生。

正如我们所见，记笔记是一个常用的学习策略，但是它可以以多种方式应用。在一间教室里，你可能会看到卢克（Luke）坐在电脑前面，像法庭的录音机一样，将老师所说的话都录入电脑中。他旁边是鲁兹（Luz），她在电脑上则写下简洁、有条理并且以自己的话概括的笔记。两个人都在很努力地记笔记，但是卢克的学习习惯不成功，而鲁兹的是成功的。

我该怎么做？

根据我们对善作小结这一习惯的了解，我建议你考虑尝试以下的总结方法：

1. 听讲座时，你可以记下总结性笔记。从页面的最上面开始，先写下当天的日期和讲座的主题，并用自己的语言将主要思想总结一遍。在保证自己理解的情况下，尽可能地少写。不要尝试将老师说的所有话或幻灯片上的所有字都写下来。

2. 当你在读课本的时候，在笔记本或书的页边空白处写下总结性笔记，并且遵循和课堂上相同的记笔记流程。

3. 将用自己的话善作小结的习惯和其他如划出重点（见"学习好习惯12"）或结构映射（见"学习好习惯15"）结合使用。

善作小结的目的就是帮你选择重要的信息，并且组织成一个连贯的结构，再用你自己的语言表达出来。方框14列出了如何运用善作小结的习惯。

方框14　如何运用善作小结的学习好习惯

努力做到：
用自己的语言总结一节课的主要思想。
注意避免：
将老师讲课的和投影片上的文字逐字逐句写下来。

参考文献

Dunlosky, J., Rawson, K. A., Marsh, E. J., Nathan, M. J., & Willingham, D. T. (2013). Improving students' learning with effective learning techniques: Promising directions from cognitive and educational psychology. *Psychological Science in the Public Interest*, 14 (1), 4–58.

Fiorella, L., & Mayer, R. E. (2015). *Learning as a generative activity: Eight learning strategies that promote understanding.* New York: Cambridge University Press.

Miyatsu, T., Nguyen, K., & McDaniel, M. A. (2018). Five popular study strategies: Their pitfalls and optimal implementations. *Perspectives on Psychological Science*, 13, 390–407.

结构映射

试一试

让我们回顾一下本书的导论部分，看看第二小节"探求学业成功"中的内容。在阅读导论时，用一支铅笔和一张白纸来记笔记。现在给自己两到三分钟的时间试一试。

如果像大多数学生一样，你的笔记看起来就像下面方框所列举的一些句子或短语列表。

> 动机、机会、途径三合一
> 成为一名成功的学习者
> 探求学业成功
> 确立学习动机
> 为学习创造条件
> 一组有效的学习策略
> 当你想着学习的时候记得运用 MOM

你的笔记像方框里的短语吗？如果是这样的话，你记笔记用的是"列表策略"（list strategy）。

接下来，请你考虑另一种可能性。要考虑的另一种方法是"结构映射策略"（mapping strategy），你需要仔细地定位关键概念，然后将它们排布成空间排列的层级结构，如图 15.1 所示。

如你所见，图中的结构映射是一个从"成功学习者"开始的层级结构，它与学习策略的三种类型或功能相关联："动机""机会"和"途径"。在"动机"下有几种策略，如"发现价值""设定目标""树立信念"和"应对威胁"。在"机会"下有几种策略，如"规划时间""消除焦虑""专心致志"等。在"途径"下有"复读澄清""划出重点"等几种策略。当一个结构映射以如图 15.1 所示的层级结构的形式出现时，关键概念是节点，它们由表示"类型"或"示例"等关系的线条连接起来。

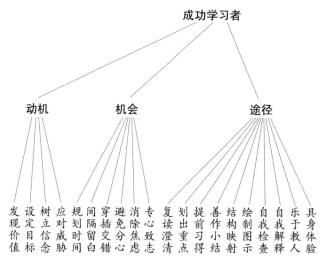

图 15.1　一种结构映射

还有一种更常见的空间排列方式是大纲（outline），如下面的方框所示。

学习策略的效用
动机
　　　发现价值
　　　设定目标
　　　树立信念
　　　应对威胁
机会
　　　规划时间
　　　避免分心
　　　专心致志
途径
　　　复读澄清
　　　划出重点
　　　提前习得
　　　善作小结
　　　结构映射
　　　……

拟写大纲（outlining）是结构映射的一种形式，其关键内容在页面或屏幕上以空间排列的形式出现，副主题以缩略的形式来表示。

列表还是导图，这是个问题

哪种方法最有可能促进学业成功？请在你认同的选项旁边打钩：

☐ A. 通过列表的方法记笔记是最好的，因为它很简单并且可以督促你列出上课的关键信息。

☐ B. 通过绘制图示的方法记笔记是单调并且令人迷惑

的，所以应该避开。

☐ C.通过绘制图示的方法记笔记是最好的，因为它会让学习者选择重要的概念并且将其排列成一个连贯一致的空间结构。

☐ D.通过列表记笔记会使学习者记住孤立的信息，这种方法不够好。

看到第一个方框的时候你可能会对自己说："做得不错！这位学生选出了一些关键信息并填写在一个整齐的表中。"如果你是这么想的，你很有可能在 A 项旁边打钩了。

另外，在看到图 15.1 中的结构映射时，你可能对自己说："这需要花费很大的精力，而且很复杂，这不是普通人记笔记的方法。"这个反应也对第二个方框中的大纲适用。如果这是你的反应，那么你很有可能选择 B 项。

你也可以正确地假设一个列表策略通常用于记事本（Miyatsu et al.，2018；Fiorella et al.，2017），但是当我看到学生通过生成无关联的短语表来记笔记时，我很担心。通过短语表来记笔记可能是学生的一种常见策略，但这不是最有效的策略（Dunlosky et al.，2013）。你也可以正确地假设，学生很少自发地使用绘制图示策略（Fiorella et al.，2017），但是，我认为如果他们这么做了，可以成为更成功的学生。如果你使用了像第一个方框中的列表策略，并且选择了 A 和 B 项，那么你现在的学习方法很像一名不成功的学生所用的。

此时，你可能会问："那么，如果列表策略不够好，我应该使用什么策略？"通过结构映射的方法记笔记是一种

有效的策略，尤其是当学生接受了导图的培训和辅导时
（Miyatsu et al.，2018；Fiorella et al.，2015；Ponce et al.，
2012）。因为这个原因，我会选择 C 和 D 项。这是一名成
功学生的方法。

导图的基本原理是让你在学习的过程中开展有效的认
知处理，例如选择相关的材料，组织成一个连贯的结构，
并将其与相关的先前知识整合起来。简而言之，导图支持
的认知加工有：

选择：你必须慎重选择要运用到绘制图示中的关键
概念。

组织：你必须构建一个展示概念之间关系的层级结构
（或大纲）。

整合：在考虑如何将运行中的文本转换为空间排列时，
需要运用现有的知识。

相比之下，在列表时，你主要是呈现关键短语，无法
分清楚所有内容是如何组合在一起的。

你可以采用导图的方式有好几种，其中最常用的有以
下几种。

层级（hierarchy）：一个上位概念在顶部，并且以表示
"类型"或"示例"的线条和下位概念连接在一起，正如图
15.1 所示的那样。

矩阵（matrix）：一种列表方式，行与两个或多个概念
相对应，列与比较它们所依据的维度相对应，例如对比两
种不同品种的狗的平均体重、平均寿命、性情和常见疾病
等特征。

流程图（flow chart）：包含箭头的一系列方框，其中显示了一个过程中的步骤，例如一个神经元如何与另一个神经元进行信息交流。

大纲：结构映射中最常见的形式，包含关键概念和以缩进格式表示从属概念，如第二个方框所示。

当你将文本转换成层级结构、矩阵、流程图或大纲，你必须进行深度的认知加工，这有助于你对材料进行更有意义的编码，使你成为一名成功的学生。

结构映射的习惯

如你所见，在成为成功学生的征途中，我建议你考虑"结构映射的习惯"（mapping habit）：人们在创建结构映射（包括拟写大纲）时会更好地学习，这些结构映射在空间上代表了教学文本的内容。别误会，结构映射可能会是一个很乏味，并且令人迷惑的过程。补救的办法是确保你在结构映射时得到指导和支持，并且你的实践也会让你对自己这方面的能力充满信心。另外，你应该谨慎地使用结构映射，应该在适合的内容时使用。

"结构映射"的一种基本形式是"拟写大纲"，当你有很多文本需要阅读时，这种形式是合适的。在拟写大纲中，你用空格来表示文本的结构，左侧为关键思想，在每个关键思想下缩进行上列出从属思想，以此类推。像运用其他结构映射的策略一样，拟写大纲也可以帮助你选择关键材料，组织成一个连贯的结构，并且运用原有知识进行整合，从而将文本转换成大纲。

确实，记任何笔记，就算是线性笔记，都比不做笔记有效，但研究表明（通过眼球运动来判断），通过列表记笔记的人不会像那些通过结构映射（如矩阵表）来记笔记的人进行深度的认知加工（Ponce et al., 2014）。幸运的是，通过结构映射（包括拟写大纲）来记笔记是一种可习得的技能。如果你可以从做列表记笔记转向导图记笔记，那么你就从一名不成功的学生转变为一名成功的学生。结构映射的力量会帮助你取得学习上的成功。

我该怎么做？

为了有效地使用结构映射的习惯，我建议你尝试以下策略中的一种或多种：

1. 当你阅读课本时，在笔记本上（或在书的页边空白处）写一个大纲；或阅读课堂笔记时，在笔记本的空白处写一个大纲；或在听讲座的同时，在笔记本上写一个大纲。对于每一种情况，先从当天的日期和材料的主题开头。试着用几个词捕捉一级标题，并尝试使用平行结构，沿着左边距将每个标题写在该列上；在每个一级标题下，再试着用几个词写二级标题，每个标题都写在该列上（缩进若干空格），以此类推。例如，本书结论章节大纲的前两个层次可以是：

动机习惯

　　发现价值

　　设定目标

　　树立信念

　　应对威胁

管理习惯

　　规划时间

　　间隔留白

　　穿插交错

　　避免分心

　　消除焦虑

　　专心致志

学习习惯

　　复读澄清

　　划出重点

　　提前习得

　　善作小结

　　结构映射

　　绘制图示

　　自我检查

　　自我解释

　　乐于教人

　　具身体验

你可以继续添加第三个级别，比如每一个习惯的定义。

2.在听讲座或阅读课本或看课堂笔记时，你可以在笔记本上绘制结构映射，使用类似于前面描述的拟写大纲的方法。例如，对于书的结论章节，首先在页面顶部写下一级概念，可以将每一个一级概念都写在一个椭圆或长方形中，然后将二级概念写在下面，可以将每一个二级概念都放入一个椭圆或长方形中并且和一级概念连线。

3.将结构映射用于重要的知识板块，比如层级结构、矩阵或流程图。

4.将结构映射和其他学习好习惯结合使用，如划出重点（见"学习好习惯12"）和善作小结（见"学习好习惯14"）。

结构映射的关键特征是，你正在将线性文本转换为文本中选定的空间排列。这有助于让你关注到什么是重要的，以及所有东西是如何组合在一起的。

方框15中总结了结构映射的习惯中该做与不该做的事项。

方框15　如何运用结构映射的学习好习惯

努力做到：
拟写一个关于本课内容的大纲或结构映射。
注意避免：
制作一个关于本课事实内容的列表清单。

参考文献

Dunlosky, J., Rawson, K. A., Marsh, E. J., Nathan, M. J., & Willingham, D. T. (2013). Improving students' learning with effective learning techniques: Promising directions from cognitive and educational psychology. *Psychological Science in the Public Interest*, 14 (1), 4–58.

Fiorella, L., & Mayer, R. E. (2015). *Learning as a generative activity: Eight learning strategies that promote understanding.* New York: Cambridge University Press.

Fiorella, L., & Mayer, R. E. (2017). Spontaneous spatial strategies in learning from scientific text. *Contemporary Educational Psychology*, 49, 66–79.

Miyatsu, T., Nguyen, K., & McDaniel, M. A. (2018). Five popular study strategies: Their pitfalls and optimal implementations. *Perspectives on Psychological Science*, 13, 390–407.

Ponce, H. R., Lopez, M. J., & Mayer, R. E. (2012). Instructional effectiveness of a computer-supported program for teaching reading comprehension strategies. *Computers & Education*, 59, 1170–1183.

Ponce, H. R., & Mayer, R. E. (2014). Qualitatively different cognitive processing during online reading primed by different study activities. *Computers in Human Behavior*, 30, 121–130.

绘制图示

弗兰如何保持专注

弗兰（Fran）对神经科学课感到很兴奋，虽然这周课程才刚刚开始，但她已经开始渴望阅读课本。她来到图书馆里自己最喜欢的位置坐下，并且小心地将书放在桌子上。老师布置的阅读章节从关于神经传递的内容开始，这个章节解释了一个神经细胞如何与另一个神经细胞交流。它首先描述了神经细胞的结构，其中包含了许多专业术语，如"神经元""细胞体""轴突"和"树突"。弗兰想全神贯注地看这本书，所以她确保不用纸和笔来分散注意力。她默默地读着每一个句子中的每一个字，努力不去想别的东西，只去想那本书中的每一个字。

在图书馆的另一边，弗兰克（Frank）也在读神经科学教科书中关于神经传递的内容。他的学习方法和弗兰的有一点不同，他把笔记本翻到空白页，手里拿着刚削好的铅笔。读完描述神经元结构的段落后，他试着画出一幅图，其中包含书中描述的每个主要部分，每个部分都有一个标记。他在读下一节描述神经元之间通过突触的交流时也如此。最终，他得到了描述教科书内容的一组图示。他并不擅长画图，所以他不是在创造一幅艺术品，而是在勾勒一个系统中主要部分的粗略大纲和主要步骤。

哪一种办法灵呢？

当你看到这两个学生学习课本的方式时，你的评价是什么？请在你认同的选项旁边打钩。

□ A. 弗兰是一个专注而有效的学生，她知道如何把注意力集中在课本上。

□ B. 弗兰克想画画，没有专注于教科书上作者所写的话，这分散了他的注意力。

□ C. 弗兰似乎没有弄明白教科书的内容。

□ D. 通过从文字到图画的转换，弗兰克在努力理解材料。

你可能会对自己说，"弗兰真是个专注的学生。她将注意力集中于课本"。如果你是这么想的，那么你很有可能选 A 项。但是，当我看到弗兰的方式时，开始担心她可能太关注于记住作者的话，以至于实际上没有理解作者的主要观点。因此，我会选择 C 项。虽然弗兰可能是一个专注的学生，但是她表现出来的特征像一个不成功的学生，因为她没有试图理解学习材料。如果她想要成功，那么她该做的不是把课本的所有文字都读一遍，而是要理解作者在说什么。

你看着弗兰克，可能会想他为什么要在应该专注于课本上作者的话时，用绘制图示来分散注意力。如果你这么觉得，你很有可能选了 B 项。但是，当我看到弗兰克的方式时，看到他在努力弄清楚材料的意思，这是一个成功学生的标志。在从语词到图画的转换中，弗兰克必须关注关键术语，弄清其彼此之间的关系，甚至将学习内容与先前的知识联系起来。简而言之，我看到弗兰克正在努力理解课本内容，这正是成功学生所做的。如果你同意我的评价，你会选择 D 项。

绘制图示的习惯

弗兰在阅读课本章节的时候已经走上岔路了，如果她仅仅是阅读，那么她正在形成一个不成功的学生的习惯。为了成为一个想要搞懂学习内容的人，她需要运用一种促进对文本深度加工的学习策略。弗兰克就是运用了这样的学习策略：绘制图示，也就是画一幅图来展示文本的主要内容。用绘制图示的方式来学习已经被证明是一种有效的学习策略，尤其是当学生阅读科学类的文本时（Fiorella et al., 2015；Leutner et al., 2014；Schmeck et al., 2014；Dunlosky et al., 2013）。当它满足了以下三种认知目标时，绘制图示是最有效的：

1. 选择：当你需要选择放入画中的元素时，你会将注意力集中在文本的重要部分。

2. 组织：当你需要将图画的各个部分组合在一起时，你会将关键元素组合成一个连贯的结构。

3. 整合：当你需要将内容从文字转换成图示时，你会激活长期记忆中相关的原有知识。

因此，我建议你在学习时尝试"绘制图示的习惯"（drawing habit），这就是说，通过画图的方式整理教材内容时，会学得更好。在学习过程中，如果你得到一些指导，比如了解图画中应包含的元素，那么绘制图示的习惯会最有效（Fiorella et al.，2015；Leutner et al.，2014）。另一种形式是通过能够复制或创建简单的图示结构，而不是从零开始绘制一幅美观、逼真的艺术插图，从而最大限度地减少绘制图示所需的工作量。当你为课本绘制图示并接受培训和进行实践后，这一习惯就能发挥出最佳效果。因此，随着你获得更多的经验，这种学习策略可能会变得更有用（Fiorella et al.，2015；Leutner et al.，2014）。

绘制图示是一种需要学习者付出一定努力的学习策略，但是至少对于科学类的短文而言，它是有效的。你可以尝试用绘制图示的策略描述一个系统如何工作，比如神经传递的过程，而不是仅仅陈述事实或讲述故事。就算你的课本已经有描述相关系统工作原理的插图，在看书中的那幅图之前先画一幅自己的图也是值得尝试的。这样，你可以慎重地使用这一习惯，帮助你理解教科书中涉及因果关系的内容。如果你能画出一幅连贯的插图，你就很有可能成为一名成功的学生。

一个相关的学习策略是"联想要义的习惯"（imagining habit）：当人们想象出一个能描绘课文内容的心理图像时，他们会学得更好。在本章节前面提到的例子中，弗兰克不需要绘制一个表示神经传递的图示就可以想象出这个图示的样子。当学习者选择包含适当元素的图像并通过想象来学习时，人们就能排列出一个连贯的空间结构，并在文字到图像的转换过程中使用相关的原有知识。当你获得在图像中包含内容方面足够的知识和培训时，联想要义的策略最有效（Fiorella et al.，2015；Leopold et al.，2015），也就是说，通过联想要义来学习是可以提高考试成绩的。你可以尝试通过联想要义来学习，看看这个策略对你有没有效果，尤其是当你在阅读适合用图片来解读一段文本的时候。通过绘制图示和联想要义来学习的策略能够让你避开在阅读时不思考这个不成功的习惯。

我该怎么做？

绘制图示的习惯可能比较难实现，所以让我给你几个建议：

1. 首先准备一支漂亮的铅笔和一份你想要在图示中列出的简明列表。你的绘制图示应仅包括列表中的要素。

2. 尽量画得简单（或只给出示意图），不需要多余的细节，不需要多么逼真或艺术完美。

3. 必要时要标记要素并根据需要添加箭头或注释。

这并不是一个需要分享给全世界的作品，而是一个为自己所用的记笔记方法。绘制图示可以助你成为成功学生，就算你自己感觉不太像一个画家也没关系。方框 16 中提供了绘制图示习惯的注意事项。

方框 16　如何运用绘制图示的学习好习惯

努力做到：
绘制一个所描述文本中的主要流程或结构的图示并标记每个要素。
注意避免：
阅读课本中的句子时，不使用铅笔来分散注意力。

参考文献

Dunlosky, J., Rawson, K. A., Marsh, E. J., Nathan, M. J., & Willingham, D. T. (2013). Improving students' learning with effective learning techniques: Promising directions from cognitive and educational psychology. *Psychological Science in the Public Interest*, 14 (1), 4–58.

Fiorella, L., & Mayer, R. E. (2015). Learning as a generative activity: Eight learning strategies that promote understanding. New York: Cambridge University Press.

Leopold, C., & Mayer, R. E. (2015). An imagination effect in learning from scientific text. *Journal of Educational Psychology*, 107, 47–63.

Leutner, D., & Schmeck, A. (2014). The drawing principle in multimedia learning. In R. E. Mayer (Ed.), *The Cambridge hand-book of multimedia learning* (2nd ed; pp. 433–448). New York: Cambridge University Press.

Schmeck, A., Mayer, R. E., Opfermann, M., Pfeiffer, V., & Leutner, D. (2014). Drawing pictures during learning from scientific text: Testing the generative drawing effect and the prognostic drawing effect. *Contemporary Educational Psychology*, 39, 275–286.

自我检查

当室友做法不一样时

珍（Jen）和简（Jan）是室友，她们喜欢一起做每一件事情。她们同时起床，同时在食堂吃饭，这个学期甚至报读同一门心理学课程。她们都认为自己是认真的学生。她们不会落下任何一节课，上课做笔记，课后阅读必读书目，在书上记笔记。到目前为止，你可以看到她们完全一致。

她们每周都会留出相同的学习时间，但是彼此使用这个时间的方法有点不同。珍会用这个时间复习课程网站上讲座的视频，复习上课笔记，再次阅读课本章节，复习书上的笔记。她将此称为"强力复习时间"，因为她把时间集中在复习学习材料。珍对自己说："还有什么能比这个更好的吗？"

相反，简只是简单地浏览了一下笔记以巩固记忆。然后，她坐在桌前，用笔记本电脑输入课堂和课本上的试题和答案。她收集了老师在课程网站上提供的往年考题。尽管老师说她不一定在考试中考这些问题，但会考相似的问题。比如，本周有关社会行为基础材料中的一个问题是：

"解释什么是感受到挑战而不是威胁。"简知道考试中有 5 分钟回答每个问题，所以她也给自己 5 分钟来回答每个练习题。简对自己说："还有什么能比这个更好的吗？"

你的看法如何？

你认为谁是一个更高效的学生？请在以下你认同的选项旁边打钩：

□ A. 珍，因为她详尽地复习了课程内容，她很清楚老师和课本都提到了哪些内容。

□ B. 不是简，因为简没有将注意力集中在课堂内容上，而是花时间在做题上，说不定答案还是错的。

□ C. 简，因为通过尝试练习复习已经学过的内容，就像考试那样，她在进行更深入的认知加工。

□ D. 不是珍，因为将内容一遍又一遍地复习很无聊，会导致她只记住知识，而没有理解内容。

对于珍来说，情况似乎无懈可击：如果目标只是学习内容，那么最好的方法就是学习，重复学习，然后再重复学习。这种思路会让你选择 A 项和 B 项。

表面上，这听起来像个好主意，但是让我们考虑一下珍和简的直接目标，就是考出好成绩。珍的方法能够让她实现这个目标吗？把这些材料存储至长期记忆中确实是一个好的开头，这也是成功必不可少的。因此，一定程度地复习所学内容是必要的。但是，那只是成功的一半。在考试中，她需要能够从长期记忆中提取材料，并用它回答问题。实现第二个目标的最佳方法是以任务为目标进行练习，采用在这个例子中简的练习方法。研究表明，能够复习后进行自我检查的学生往往在后续的考试中成绩更好（Fiorella et al., 2015; Brown et al., 2014; Dunlosky et al., 2013）。因为上述原因，你应该选择 C 和 D 项，说明你支持这些成功学习好习惯。

自我检查是如何运作的呢？学习科学的一个基本原则是当你具备以下条件时，在复杂的认知任务（如考试）上的表现会得到提升：(1) 所需要的背景知识；(2) 针对任务的练习。简而言之，你既需要知识（你可以通过复习来加强），也需要在目标任务中运用知识的能力（你可以通过自我检查来加强）。通过练习从记忆中提取信息，并且根据问题的要求来组织该信息，你所训练的技巧恰恰与考试要求相一致。当然，如果你能够发现并纠正遇到的问题，那么自我检查就更有效了。

自我检查的习惯

珍和简的故事展示了自我检查这种新的学习策略的价值。自我检查包括给自己进行类似于课程中必须进行的练习测试，这就是"自我检查的习惯"（self-testing habit）：复习而后自我检查的学习效果远比复习再复习的效果要好。正如你所见，自我检查这个学习策略应该属于任何想要成为成功学生的人。总之，我的建议是明确的：不要把所有的学习时间都花在复习上（比如重读笔记、复习讲课视频，或者重读一本书的章节），而是要把一部分时间花在复习上，再把一部分时间花在做模拟试题上。

我该怎么做？

自我检查可能会是一个艰巨的任务，下面是一些建议供你参考：

1. 在复习并且使用了其他学习好习惯后，你可以将一部分学习时间（就算是一小部分）分配给自我检查。你可以通过口头、书面或打字来进行检测。

2. 试着写下（或简单地说出）课本中你能记住的每一章或每一节的内容。这是自我测试最经典的方法，因为它将注意力集中于回忆已学习的内容。相比之下，策略 3 和 4 则超越了自我测试的传统研究。

3. 选择一个与考试相一致的题型。如果考试考到作文，那就练习作文。如果考试涉及计算题，那就练习做计算题。如果考试中选择题涉及某些重点知识，那么就将注意力集中于这些重点。

4. 如果时间充足的话，请你给自己的自信程度打分，从 1（很不自信）到 10（很有信心），然后将你的答案和标准答案（根据课本或讲座笔记）作对比。回归到书和笔记上，再次复习感觉有困难的部分。

在适应自我测试的习惯时，你可能需要一些练习，甚至指导，但是研究表明你的努力一定会在成为成功学生的征途中得到回报。方框 17 中总结了如何运用自我检查的习惯。

方框 17　如何运用自我检查的学习好习惯

努力做到：
花部分时间解答你自己所学内容方面的问题。
注意避免：
将所有学习时间花费在复习甚至复习问题的正确答案上。

参考文献

Brown, P. C., Roediger, H. L., & McDaniel, M. A. (2014). *Make it stick: The science of successful learning*. Cambridge, MA: Harvard University Press.

Dunlosky, J., Rawson, K. A., Marsh, E. J., Nathan, M. J., & Willingham, D. T. (2013). Improving students' learning with effective learning techniques: Promising directions from cognitive and educational psychology. *Psychological Science in the Public Interest*, 14 (1), 4–58.

Fiorella, L., & Mayer, R. E. (2015). *Learning as a generative activity: Eight learning strategies that promote understanding*. New York: Cambridge University Press.

学习好习惯 18

自我解释

洗衣时学习

今天是拉里（Larry）的洗衣日。他将装满脏衣服的篮子抱到公寓大楼底层的洗衣房里，把衣服放进洗衣机，加了些洗涤剂，放进几个硬币，然后按下了启动按钮。现在，他有整整 20 分钟的时间复习即将到来的微生物学考试内容。周围没有人，所以他坐在附近的板凳上，打开笔记和课本，开始一课一课地阅读。洗衣机停了之后，他将衣服移到烘干机中，又继续学了 20 分钟。就这样，拉里安静地坐着，将笔记中的每个字都读完了。"真是个完美利用洗衣服时间来复习的方法。"拉里对自己说。

今天也是公寓另一侧的琳达（Linda）的洗衣日。她也把脏衣服搬到了公寓底层的洗衣房里，将它们放进洗衣机和烘干机中。像她公寓另一侧的同学一样，琳达也想利用洗衣服的时间来复习即将到来的微生物学考试内容。这里没有人，所以她将笔记本和课本放在烘干机上面，将烘干机当作讲台，开始作一个关于所复习内容的演讲，尤其是重要的、需要澄清的那些部分。快乐地站在临时讲台前面，琳达大声地解释将在考试中涵盖的每一个讲座的重要内容，回顾任何令人困惑的内容，并展示这些内容如何组合在一起。对于琳达来说，衣服在机器里滚来滚去的时候，扮演老师的角色来复习这些材料是很有趣的。

你的看法如何？

拉里和琳达都应该因为利用洗衣服的时间来学习而受到表扬，但是谁更好地利用了自己的学习时间呢？请在你认同的选项旁边打钩：

☐ A. 拉里，因为他在复习老师讲的和课本中的内容。

☐ B. 不是琳达，因为她将时间花在编故事上，而没有将注意力集中于复习资料上。

☐ C. 琳达，因为她将复习内容用自己的话说出来，她需要选择什么是重要的，解释内容是如何组合在一起的，并且进行了更加深入的思考。

☐ D. 不是拉里，因为他很有可能只记住了孤立的信息。

如果你选择了 A 项或者 B 项，那么你更加偏向于拉里的方法。拉里看起来确实在做正确的事情，因为他将注意力集中于老师的话（至少根据拉里的听课笔记）和课本作者的话（起码根据拉里对每个章节内容的略读）。阅读笔记和课本章节的确是值得进行的第一步，但是想要学习达到理解这一深入程度的话，你可能需要使用一个更加主动的学习策略。

如果你选择了 C 项或者 D 项，那么你更加偏向于琳达的方法。琳达的方法可能看起来有点滑稽，并且在别人走进洗衣房时可能需要解释一下，但是它是一个让琳达的认知更加主动的方法，这让她能学习得更深入、细致。

琳达在做的事情叫作"自我解释"（self-explaining）。在自我解释中，一般是通过述说尝试对自己解释学习内容。你的独白可以包括解释重要的系统如何运作，提出问题，并协调你发现的与你之前所学知识之间的差异。研究表明，经常自我解释是一个有效的学习策略（Rittle-Johnson et al.，2017；Fiorella et al.，2015；Dunlosky et al.，2013）。

自我解释是怎么运作的呢？在启动适当的认知过程，例如在注意相关的学习材料，将其组织成一个连贯的结构，并将其与从长期记忆中激活的相关原有知识相结合时，自我解释是有效的（Fiorella et al.，2015）。第一，当你选择要解释的内容时，你需要选择课的相关材料。第二，当你自我解释时，你需要将不同信息组合在一起，这包括协调两个看似矛盾的信息。第三，当你自我解释时，你需要用自己的话来解释，这会鼓励你把材料和你先前的相关知识关联起来。总而言之，当你自我解释时，例如给自己作一个小演讲时，你是在对材料进行更加深入的认知加工。

自我解释的习惯

拉里和琳达的故事不仅仅是关于洗衣服时间利用的问题，也是为你成为成功学生的工具箱又提供了一种学习策略：自我解释。自我解释包括向自己解释所复习的材料的重要部分。为了便于理解，我可以向你解释"自我解释的习惯"（self-explaining habit），它是指：当人们用自己的话详细阐述课程内容的主要部分时，他们会学得更好。如果你想成为一名成功的学生，那么应该运用这一策略。

别误会，把阅读笔记作为学习的第一步没有错。但是，如果你之后不采取更加主动的学习策略，如解释材料中不明确的部分，那么你就会是一名不成功的学生。你可能觉得阅读笔记中的每一个字，尤其是利用好业余时间会让你成为一名优秀的学生。如果你仅仅这么做，那你表现得就像一名不成功的学生。如果你试图找出需要更好地理解的重要材料、产生混淆或冲突的需要协调的部分、需要连接的孤立部分以及需要与你已经知道的有趣部分联系起来的部分，那么你就表现得像一名成功的学生。一旦你发现笔记中有一些值得作进一步解释的地方，你就可以开始快乐地自我解释了。这才是一名成功学生使用的方法。

我必须承认我特别喜欢洗衣时作演讲这个自我解释的方法，因为这也是我在大学里尝试过的。然而，你可能需要将自我解释策略调整到一种让你感到舒适的环境和风格，例如，当你坐在家里舒服的椅子上或树下，或通过在电脑上使用相机制作迷你讲座的短视频。不管你如何运用自我解释，目标总是一致的：使自己更加努力地弄清学习材料，确信自己理解了。有时候只有自己试着解释才会知道自己到底掌握了多少。

自我解释的学习与一种被称为"精细质疑"（elaborative interrogation）的技能密切相关。在精细质疑中，你会问自己一个预先确定的问题（例如某种形式的"为什么"问题），问列表或段落中的句子。比如句子，"饥饿的人上了车"，你可以试图回答的问题是，"他为什么上车？"我不在本章强调精细质疑，因为它主要对更小的学生记住独立的信息有效（Dunlosky et al.，2013），但是或许你能根据自己的目的来调整精细质疑。

我该怎么做？

为了充分利用自我解释的习惯，我提出以下建议：

1. 给自我解释分配一些（就算是一小部分）用于复习笔记或课本的学习时间。一般来说，你可以通过口头表达来练习自我解释。

2. 找到一个你最喜欢进行自我解释的地方，比如一个没人的洗衣房，或者一个僻静的树林里的板凳，或者房间里舒服的椅子。将课本章节或听课笔记铺开，并且将重要、复杂或迷惑的、需要解释的部分划出来。然后，开始对这些部分进行自我解释，也可以当作一个小讲座。如果你喜欢，你可以站着说。还有一种选择，就是用电脑或手机的摄像头录制一个迷你讲座。

3. 仔细检查笔记，并且标记一些地方，用一些包括"为什么"或"怎么样"或"这意味着什么"的提示语标记。然后，用前一个建议的流程开始对每一个提示语作一个简短的口头解释。

4. 将自我解释和其他学习好习惯，如划出重点（见"学习好习惯 12"）或结构映射（见"学习好习惯 15"）并用，可以将自我解释用于你已经划出的重点、结构映射的笔记或课本章节。

自我解释这一习惯你最初用起来可能不习惯，但是通过一些练习甚至指导，你会做得更好。研究表明你的努力是值得的。方框 18 中总结了自我解释的注意事项。

方框 18　如何运用自我解释的学习好习惯

努力做到：
用自己的语言解释正在学习的材料。
注意避免：
只复习材料，不作任何解释或详述。

参考文献

Dunlosky, J., Rawson, K. A., Marsh, E. J., Nathan, M. J., & Willingham, D. T. (2013). Improving students' learning with effective learning techniques: Promising directions from cognitive and educational psychology. *Psychological Science in the Public Interest*, 14 (1), 4–58.

Fiorella, L., & Mayer, R. E. (2015). *Learning as a generative activity: Eight learning strategies that promote understanding*. New York: Cambridge University Press.

Rittle-Johnson, B., & Loehr, A. M. (2017). Instruction based on self-explanation. In R. E. Mayer & P. A. Alexander (Eds.), *Handbook of research on learning and instruction* (2nd ed; pp.349–364). New York: Routledge.

乐于教人

在莫伊咖啡店见面

帕蒂（Patty）和保罗（Paul）决定组成一个两人学习小组，参加一个关于"学会学习"的研讨会。研讨会包括阅读你现在手上拿的这本书。这本书尽管写得很好，但是帕蒂还有一些地方没有弄清楚，而保罗也有不懂的地方。

他们约好星期二下午四点在莫伊咖啡店见面一起复习材料。他们说好各自选择书里三个自己不太理解的问题，计划轮流当老师和学生，其中一位指出一个需要澄清的问题（当学生），另一位试图解释（当老师）。

帕蒂说："我不太明白'刻板印象'是指什么。"她向保罗展示了书中提到这个术语的那一段。保罗和她一起重新阅读了这篇材料，试图详细阐述它并给出了一些具体的例子。保罗对他的解释能力感到满意，帕蒂也因为发现自己的理解比想象中更好而感到欣慰。

接下来轮到保罗了。他翻到了绘制图示中提到的"矩阵"部分，说："我不理解怎么用矩阵绘制图示。书上只举了层级的例子。"帕蒂将用矩阵来绘制图示的句子读了一遍，并试图进行解释。然后，她编写了一个涉及比较两个项目的示例文本，并绘制了一个矩阵来展示。"谢谢，"保罗说，"我终于懂了。"帕蒂因为她成功的解释而感到高兴。

帕蒂和保罗继续轮流交换意见，直到他们将所有需要澄清的地方都讲完了，他们也已经喝够了莫伊美味的咖啡。出去的时候，帕蒂和保罗看见和他们一起参加研讨会的朋友昆西（Quincy）和昆塔（Quenta），在莫伊咖啡店的另一个角落里，各自独立地复习着。帕蒂和保罗激动地跟朋友介绍他们的学习小组，但是昆西和昆塔觉得学习小组不是一个好主意。"听别人的问题或者谈论你已经知道的东西就是在浪费时间。"昆西说。"对啊，我宁愿多花些时间自己把书复习一遍，这样我可以将注意力集中到自己需要复习的部分。"昆塔也说。

谁是对的？

谁是对的？自己学习还是跟别人一起学习，哪个更好？请在你认同的选项旁边打钩：

☐ A. 我宁愿自己学习，这样我就可以集中注意力学习自己想学的部分。

☐ B. 在学习小组里，你会花费很多时间讨论你已经知道的内容，所以你没有学到什么新知识。

☐ C. 向别人解释某个问题有助于我更好地理解。

☐ D. 确定需要澄清的问题有助于我评估自己的学习。

有些学生喜欢自己学习。如果你也是其中一员，估计你选了 A 项和 B 项。正如 A 项所说，自己学习确实没有什么问题，尤其是如果你运用本书其他章节中提到的一些习惯。如果你曾经体验过无效的同伴辅导的话，我可以理解你为什么会选择 B 项。例如，有一些教授喜欢在讲座中间暂停一下，让你和旁边的同学一起讨论几分钟。有的时候这样的讨论会很尴尬、空洞或者完全没有落在重点上。同样，在教室里的分组有时也会做得很糟糕，这样你就不会从中得到任何东西。如果因为你在小组学习中有过不好的体验而选了 B 项，我确实理解。有大量研究证据表明，并非所有小组学习都会有效（Slavin, 2017；Fiorella et al., 2014）。

但是，你一定要考虑一下 C 项和 D 项的潜力。有大量的研究可以支持 C 项。研究表明，当你向他人解释材料时，你可以更好地理解这些材料，这可以称为"乐于教人"（learning by teaching）（Fiorella et al., 2015, 2014, 2013）。关于 D 项，还有一些证据表明，当你要找出不清楚的部分内容时，你会学得更好（Fiorella et al., 2015）。这是我在上一章所提到的"自我解释"的第一步。找出你不完全理解的内容，这是一种重要的元认知技能，可称为"理解监控"（comprehension monitoring）。当你必须选择你需要帮助的学习内容时，你就要参与理解监控，从而提高你自我监控和自我调节学习过程的技能。

总的来说，如果你更倾向于 Q（昆西和昆塔）而不是 P（帕蒂和保罗），你可能会成为一名不成功的学生。你可能更喜欢其他策略，因为你只是不想另外安排时间参与小组学习，这也可以。但是如果你要具备成为成功学生的能力，有机会的时候，你可以尝试接受向他人解释材料。

乐于教人的习惯

当你教别人你以前学过的内容时，你就是在教自己。教别人怎么能够同教自己联系起来呢？第一，教别人会帮你确定要在解释时加入重要的元素，这和认知过程中的"选择"相对应。第二，它鼓励你将元素组合成一个连贯的、别人能够理解的结构，这和认知过程的"组织"相对应。第三，它需要你用自己的语言解释相关的原有知识，这和认知过程的"整合"相对应。简而言之，当你将之前学习过的材料解释给别人时，你进行的认知过程会促使你进行更加深入的学习：选择课程的相关材料，组织成一个连贯的结构，并且和相关的原有知识相整合。因此，我提出"乐于教人的习惯"（learning-by-teaching habit or teaching habit）：向他人解释学习过的材料时，自己会学得更好。

乐于教人是教学实践中的一个重要组成部分，它以"同伴辅导""合作学习"和"协作学习"（peer tutoring, cooperative learning, and collaborative learning）的名义进行。在每一种方法中，你都在和一群同龄人学习，你有机会向他们解释材料。当小组学习缺少适当的组织或指导，当你在没有适当的培训就在小组实践时，当你专注于背诵而不是理解材料，或当你没有参与小组学习的动力时，小组学习确实会有些隐患。简而言之，想要成为一名成功的学生，你需要学会如何运用乐于教人这个策略，尤其是在专注于提高你对学习内容的理解上。

我该怎么做？

以下是一些充分利用乐于教人好习惯的建议：

1. 你需要分配一些时间全身心地投入到小组学习中去，这也包括同意学习小组的参与准则，例如，轮流提出问题和回答问题，在相互解释的基础上不带负面情绪，保持尊重的氛围，并专注于任务。建立一个适用于全体成员的轮流机制。创建一个由两个人、三个人、四个人、五个人或六个人组成的可管理的小组。

2. 首先选择目标材料，比如课本或讲座的章节。花时间复习一下笔记，并标出你觉得需要进一步解释、详述或澄清的部分。每个人轮流解释一部分材料，小组其他成员也可以作进一步的阐述。

3. 首先选择目标材料，比如课本或讲座中的章节。花时间复习笔记，并且记下一些你需要帮助的问题。每个人轮流问一个问题，另一个人回答。其他小组成员可以详细阐述一下。

4. 从一组基于目标材料的、具有挑战性的问题开始。每个团队成员轮流给出一个问题的答案，或在前一个成员的答案上再进行补充。小组的记录员可以试图总结每个人的答案，写在黑板、海报或电脑屏幕上。然后，小组将这些答案合并成一个连贯的书面答案。在随后的每个问题上，调整一下提供答案的顺序以保证每个人都有机会开头。

如果你有点害羞或者只是更喜欢自己学习，那么采用乐于教人这个策略可能需要你逐渐适应。我必须承认我也喜欢自己学习，但是我知道和别人讨论材料会有很多收获。当你解释材料或将你的解释与其他人的解释相比较时，这些材料会变得越来越清楚、明白。方框 19 中总结了乐于教人这一学习好习惯的注意事项。

方框 19　如何运用乐于教人的学习好习惯

努力做到：
参与学习小组时，一定要跟别人解释令人困惑的材料。
注意避免：
参与学习小组时，安静地坐着并且自己找出问题的答案。

参考文献

Fiorella, L., & Mayer, R. E. (2013). The relative benefits of learning by teaching and teaching expectancy. *Contemporary Educational Psychology*, 38, 281−288.

Fiorella, L., & Mayer, R. E. (2014). The role of explanations and expectations in learning by teaching. *Contemporary Educational Psychology*, 39, 75−85.

Fiorella, L., & Mayer, R. E.(2015). *Learning as a generative activity: Eight learning strategies that promote understanding*. New York: Cambridge University Press.

Slavin, R. E. (2017). Instruction based on cooperative learning. In R. E. Mayer & P. A. Alexander (Eds.), *Handbook of research on learning and instruction* (2nd ed.; pp.388–404). New York: Routledge.

具身体验

完美的教室

欢迎来到 C 先生的化学课堂。尽管这是早上的课程，但所有的学生都静静地坐在座位上，面朝前方，没有一个人动来动去或哈欠连天。今天的课是 C 先生最喜欢的分子结构。C 先生在黑板上画了一个分子示意图，并向学生展示了一个球棍模型，在讲授原子之间的连接方式时，他指着模型然后操作着。学生注视着他，聚精会神地看着。在 C 先生看来，他们都是很棒的学生。还有什么比坐着仔细观察演示来学习更好的呢？

隔壁是 C 女士的化学课堂。她也是从分子开始的，基本上和 C 先生作了同样的演示，唯一不同的是她给每个同学发了一个球棍模型。她要求学生随她一起搭建模型，并且在讲授时针对模型与黑板上绘制的示意图相对应地进行解答。这些学生通过角色扮演来学习，也就是说，一边学习一边搭建原子模型。C 女士认为，学生跟她一起操作原子模型会学得更好，当然这也要求他们更加主动。

哪个课堂的学生学得更好？

当你看到这两个班的学生时，你觉得哪个班体现了更好的学习策略？以下是关于如何演示学习的陈述，请在同意的选项旁边打钩：

□ A. 最好将注意力集中在看老师的演示上，而不是浪费时间做其他事情。

□ B. 操作与老师演示相一致的内容，"具身体验"会有帮助。

你可能看着 C 先生的课堂想："真是个优秀的课堂。学生把注意力集中在教学上，展现出一流的学习技能。"当你看到 C 女士的课堂时，你可能会想："这些学生一直在玩模型，分散注意力。他们很可能错过了老师讲授的内容。"如果你这么觉得，你估计会选 A 项。

然而，当我看到学生在 C 先生的课堂上的表现时，我很高兴学生很"尽职"地认真听课，但是我还是有点担忧，因为看和学是不一样的。安静地看着老师不是一个让你成为成功学生的学习好习惯。除了看着老师以外，学生在学习的时候需要进行适当的认知加工。看到 C 女士课堂的时候，我觉得他们在进行更深入的学习。当他们使用模型来跟随老师演示时，他们必须密切关注并将他们所看到的转化为行动，这会让他们学得更深。为了避免"看而不学"这个陷阱，你需要运用能够使你进行更深入的认知加工的成功学习策略。通过具身体验来学习就是其中一个策略。这就是为什么我会选择 B 项。

通过具身体验来学习

"具身体验的习惯"（learning-by-enacting habit or enacting habit）是指：人们在学习过程中从事与任务相关的行动时会学得更好。当你通过具身体验来学习时，你主动参与的活动会帮助你理解材料。在化学课这个例子里，与老师操作原子模型是具身体验（Stull et al.，2018）。在观摩有关设备运行（如轮胎泵）的多媒体课程时，操作透明塑料模型是具身体验（Mayer et al.，2002）。学习计算机编程时，演示命令，在代表内存的白板上写上或擦掉一个数字，或者将一个指针移向一个待办事项表（Mayer，1975）是具身体验。在学习数学（比如使用符号数字进行加法和减法）时，沿着数字线移动一只小兔子也是具身体验（Moreno et al.，1999）。

我建议你将通过具身体验来学习的习惯放入你的学习策略的工具箱里。通过实践来学习是一个有效的学习策略（Stull et al.，2018；Lillard，2016；Fiorella et al.，2015；Mayer et al.，2002；Moreno et al.，1999；Mayer，1975）。它对那些拥有高水平的原有知识，在行动与基本概念之间关系有突出能力的学生尤其有效（Fiorella et al.，2015；Moreno et al.，1999）。不过，我建议你在运用这一习惯时要注意：不要因为增加的具身体验部分将注意力从课堂的关键内容分散出去。具身体验活动不会保证你会进行适当的认知活动，所以你需要保证行为活动能够转化为深度的认知活动。如果通过具身体验来学习会使你跟不上课堂的节奏，那么你可能需要换成一个更易于掌控的学习策略。不过，坐着看不是最好的学习方法。

我该怎么做？

具身体验的习惯对你来说可能有点不寻常，而且一边动一边学可能超出了你的舒适范围。不过，对于某些类型的材料，你可以尝试通过实践来学习。如果你决定尝试一下，以下建议可以有所助益：

1. 阅读笔记或者课本，找出你想要学习的材料，并且将可以演示的部分标出来。如果从一个部分开始，你可以收集或创造需要的具体物件。然后，当你朗读材料或者解释材料时，跟着你所描述的步骤同步操作物体（或者身体）。例如，为了解决 3-(-2)=___，你可以制作一个数字板，其中有连续的方块从 -10 排到 +10。找一个可以放到方块上的小纪念品，比如一个小塑料兔子，说 "3" 并且将兔子（面朝你）放入 +3 的方块上。然后说 "减"，将兔子转到面朝数字板的负数边（比如，朝左）。然后说 "负 2" 并且让兔子往后跳两格，让它落在 +5 的方块上。最后，说 "答案是 5"。

2. 当你观看一个演示视频时，准备好一样的物品，并且和视频同步执行这些操作。例如，观看一个用缝纫机穿线的视频时，准备好一个缝纫机，然后按步骤完成视频中的每个步骤。

3. 当你看着一个老师作示范时，用你桌上相应的材料作同样的示范。例如，在化学课上，老师用一个球棍模型来解释两个分子结合时会发生什么，你也可以用球棍模型执行相同的步骤。

你也许能采纳一种适合培养具身体验的习惯的方法，以便能够适合学科需要和个人偏好。具身体验的习惯只能运用在一定的学习内容上，所以你需要精确地找出它最适合运用的地方，例如演示一个过程。方框 20 中总结了具身体验这一习惯的注意事项。

方框 20　如何运用具身体验的学习好习惯

努力做到：
用具体实物或身体的动作来表现。
注意避免：
学习时一直安静地坐着。

参考文献

Fiorella, L., & Mayer, R. E.(2015). *Learning as a generative activity: Eight learning strategies that promote understanding.* New York: Cambridge University Press.

Lillard, A. S.(2016). *Montessori: The science behind the genius.* New York: Oxford University Press.

Mayer, R. E.(1975).Different problem-solving competencies established in learning computer programming with and without meaningful models. *Journal of Educational Psychology*, 67, 725-734.

Mayer, R. E., Mathias, A., & Wetzell, K.(2002).Fostering understanding of multimedia messages through pretraining: Evidence for a two-stage theory of mental model construction. *Journal of Experimental Psychology: Applied*, 8, 147–154.

Moreno, R. & Mayer, R. E. (1999). Multimedia-supported metaphors for meaning making in mathematics. *Cognition and Instruction*, 17, 215–248.

Stull, A. T., Gainer, M. J., & Hegarty, M.(2018). Learning by enacting: The role of embodiment in chemistry education. *Learning and Instruction*, 55, 80–92.

结　论
20个学习好习惯

学会学习的三步骤

在本书中，我介绍了成为成功学生的三个步骤。这三个步骤包括动机习惯、管理习惯以及学习习惯。

成为成功学生的第一步就是在你面对挑战时能够有动力十足并坚持下去的动机。我称其为"动机习惯"（motivational habits）或者是"动机策略"，因为它们都旨在激发意志，让你在理解材料时能够付出足够的努力。这与导论中介绍的 MOM 中的"动机"相对应。

成为成功学生的第二步是为你创造良好的学习氛围。我称其为"管理习惯"（management habits）或者是"管理策略"，因为它会帮助你管理时间、处理外部环境以及集中注意力，从而让你能够专注于学习。这与导论中 MOM 的"机会"相对应。

最后，成为成功学生的第三步是用一系列强大的技能"武装"自己从而促进学习、理解并掌握所学。我称其为"学习习惯"（learning habits）或者是"学习策略"，因为它们有助于你实现深度学习目标的认知过程。同时你也需要合适的学习策略来帮助你开展"生成学习"（generative learning），从而能够贯彻适当的认知过程，比如联系课堂上的相关内容（选择阶段），并将其有意识地组织成一套适合你的连贯体系（组织阶段），同时把当下所学与先前所学、长时记忆中激活的相关知识加以整合（整合阶段）。这与导论中 MOM 的"途径"相对应。

让你在学习上投入更多努力的四个动机习惯

表 1 和表 2 列举的四个动机习惯，旨在形成学习的意愿，让你在学习新事物时拥有坚持下去的动力。如果学习的内容对你来说很难，那你就需要用有效的动机习惯来"武装"自己；如果学习之前你就已经萌生了放弃的念头，那你也需要有效的动机习惯来"武装"自己。激活动力是你成为成功学生的第一步。因为你需要动力来支撑自己，从而保证就算所学材料艰深难懂，你也能够付诸努力，迎难而上。当然这里的努力也包括在诸多学习策略中作出抉择，从而以最好的方式解决你面前的难题。

如果没有在学习上付诸努力的意愿，那么你就很有可能陷入失败学生的囹圄之中。问题是，付诸努力的意愿从何而来呢？就如本书中第一部分"学习动机"中所讲的，影响你动力来源的有四个要素：兴趣、目标、信念以及你对威胁的回应。

表 1　成功学生的四个动机习惯

名　　称	详细描述	自　　勉
发现价值的习惯	当你重视所学，并能在其中找到个人兴趣时，就能学得更好。	我对此感兴趣。
设定目标的习惯	当你致力于透彻地掌握所学时，就能学得更好。	我想要弄懂它。
树立信念的习惯	当你坚信自己可以学好时，就能学得更好。如果你付出努力，失败和成功主要取决于努力而不是固化的能力，就可以通过不懈努力来提升信心。	世上无难事，只怕有心人。
应对威胁的习惯	当你信任自己的学习能力并能避免被别人观点所动摇时，就能学得更好。	没有人能够让我放弃。

表 2　成功学生四个动机习惯的案例

名　　称	概　　要	具体案例
发现价值的习惯	思考正在学的材料对你有什么价值。	当你在上关于人消化系统的课时，视其为你在追求营养美食道路上的良好助力。
设定目标的习惯	写下你对课程的掌握目标以及你将如何评估学习进度。	写下你的课程学习目标。

续　表

名　称	概　要	具体案例
树立信念的习惯	坚信你是一个有能力的学生，只要足够努力就一定能够成功。	写一篇简短的说明，说说通过采用高效的学习策略，你拥有了怎样的学习能力。
应对威胁的习惯	不要像其他人一样陷入对于你自己学习能力的刻板印象之中。	当你遇见什么困难时，在诸多学习策略中规划出最适合你的方法。

如表 1 和表 2 的第一行所示，学习动机源自好奇心与个人兴趣。简而言之，你应该这么想："我对此感兴趣。"在开始学习前，花时间想想这些材料有哪些价值，你的兴趣点又在哪里。如果你无法在所学的材料中找到兴趣点与价值，那么你很难在学习上付出足够的努力，你也很难成为一名成功的学生。

如表 1 和表 2 的第二行所示，付出努力的多少也与个人的学习目标有关。如果你的目标是掌握所学，你想的可能就是："我想要弄懂它。"这就是"掌握型目标"——成功学习不可或缺的一部分。如果你的目标是通过拿高分来让自己显得比别人更优秀，那么这种类型就被称作"表现型目标"。表现型目标确实也能激励学习，但只有当它与掌握型目标相结合时，才是最为长效的。然而，若你的目标仅仅是为了避免糟糕的表现，那么你在学习上就很有可能止步不前，并因此成为一名失败的学生。

如表1和表2的第三行所示，督促自己努力学习的另一种激励方法是树立学习的积极信念。你需要给自己一个机会去验证，只要足够努力，你就真的能够掌握所学的材料。试着将自己视为有能力的学生，并相信你是能够学会的。同时坚信学习好坏取决于你努力多少，就算所学不易，你也会迎难而上，付出足够的努力，而这也就是成功学生所秉持的"世上无难事，只怕有心人"的信念。如果你认为学习的好坏主要取决于你的能力，那么在遇到困难时你就不会付出足够的努力，并且很有可能陷入失败学生的深渊之中。

最后，如表1和表2第四行所示，影响学习动机的另外一个重要因素是对别人负面评价的回应。当你自认为是别人眼中的"差生"时，你便受到了刻板印象的威胁。就像一个女孩的朋友问她："你为什么要读物理啊？这没有发展空间的。"对此，她可以用她不懈的努力与坚定的自我信念报以回应。作为一名成功学生，你应该坚信："没有人能够让我放弃。"但是如果你让自己学习者的角色轻易被他人定义时，你或许就会发现自己正向失败学生的方向滑落。

创造学习氛围的六个管理习惯

表3和表4中的六个管理习惯是为了帮助你营造一个良好的学习氛围，从而让你取得成功。成为一名成功学生需要你不断提升自己的管理能力——包括如何管理时间，如何处理外部环境，以及如何调整自己的心态。在打造学

习环境时，你需要为学习规划充足的时间，准备合适的场所以及准备一颗学习的心态。在本书的第二部分"学习机会"中详细介绍了六种管理习惯。这六种习惯中介绍了营造良好的学习氛围所需的各种策略。有关规划时间、间隔留白以及穿插交错的习惯能够帮助你高效利用时间；避免分心的习惯有助于你管理外部环境；消除焦虑与专心致志的习惯有助于处理内部心理环境（即你的注意力）。如果在不适宜的氛围中学习，比如无止境地拖延，在学习时和同学发消息或是学习时脑中满是焦虑，那么这就显露了失败学生的学习特质。因此，应该如何营造一个成功的学习氛围呢？表 3 和表 4 的前三行总结了三个有关时间管理的习惯，第四行总结了有关管理外部环境的习惯，而最后两行总结了处理内部心理环境的两个习惯。

表 3　成功学生的六个管理习惯

名　称	描　述	自　勉
规划时间的习惯	专注的学习能让你学得更好。	我要抽出时间来学习。
间隔留白的习惯	把学习任务分为几个时段（而不是所有都集中在一个冗长的时段里完成），你就能学得更好。	我不能等到最后一刻临时抱佛脚。
穿插交错的习惯	在几个不同的主题间穿插交错学习（而不是只抓着一个主题不放），你就能学得更好。	我要轮流学习不同的内容。

续　表

名　称	描　述	自　勉
避免分心的习惯	在学习过程中避免外部的干扰，你就能学得更好。	我为自己创造了一个无扰环境。我不能三心二意。
消除焦虑的习惯	当脑海免于忧虑的困扰，你就能学得更好。	我要从焦虑中解脱出来。
专心致志的习惯	当注意力都集中在学习上，你就能学得更好。	我要专心致志。

表4　成功学生六个管理习惯的案例

名　称	一般做法	具体案例
规划时间的习惯	制订学习计划的同时规划学习时间。	在时刻表上为学习特定材料腾出时间。
间隔留白的习惯	制订计划时要将你的学习划分为多个环节。	在时刻表上把学习的整个过程分为多个不同的时段。
穿插交错的习惯	制订计划时每个学习环节要包含不同的主题。	在时刻表上为每个时段都规划多个不同的主题。
避免分心的习惯	寻找或创建一个不会分散注意力、没有吵闹的音乐、不会干扰打岔的学习场所。	学习的时候，关掉手机并放到一旁。
消除焦虑的习惯	从脑海中除去负面忧郁的思绪。	写一小段文字总结一下现在的情绪，给自己一点激励。
专心致志的习惯	把注意力集中在学习上。	通过默想理清你的思绪。

让我们先从表 3 和表 4 中关于时间习惯的第一行开始。成为成功学生的重要一步是为学习设立特定的时间。为了能够养成这个习惯，你要时刻提醒自己："我要抽出时间来学习。"特定的学习时段应该成为每周计划的一部分。如果学习方法中不包含何时应该学习的计划，那么这个学习方法就几近是失败的。因为成功学生知道，用在有效学习上时间的多少直接影响了他能学多少、学多好。

为学习安排好时间是一个良好的开端，但还需要养成如何高效利用时间的习惯。就如表 3 和表 4 的第二行所总结的，当你养成不同时段留出空间的习惯时，你就能把学习分为多个时段，循序渐进，而不是在等到考试之前临时抱佛脚了。作为成功学生，你应该这么想："我不能等到最后一刻临时抱佛脚。"如果你喜欢临时抱佛脚，那么你就显露了一个失败学生的学习习惯。通过在一周或者一个学期中规划几个分散的学习时段，你就可以避免这样的情况，这也是成功学生的优良学习好习惯。

表 3 和表 4 的第三行展示的每个时段交错做不同事情的习惯，也同样能高效地管理时间。它会帮助你在一个学习阶段中合理规划多个学习主题，当学习时间特别长时，它格外有效。作为一名成功的学生，你会意识到："我要轮流学习不同的内容。"如果你花大把的时间在同一个学习材料上，那么你的学习就可能不那么高效。但如果你合理规划和学习不同类型的材料或是不同科目的材料，你的学习效率能够得到提高。

如果你已经规划好学习时间，就需要找一个场所学习——一个能够让你免于分心的地方。表 3 和表 4 中第四行避免分心的习惯介绍了相关的内容。作为一名成功的学生，你要想的是："我为自己创造了一个无忧的环境。"如果你喜欢在学习的同时听吵闹的音乐或者玩高音量的游戏，又或者你喜欢学习的时候开着手机与笔记本，好让你刷到最新的推特或者用短信和伙伴聊天，那么你就没有为自己打造一个好的免扰区域。为了避免这些使你分心的情况以及养成避免分心的习惯，你或许可以加上一句自勉："我不能三心二意。"打造免扰区域最好的方法是找到或创造一个空间，要么是在家里，要么是在校园里或者临近校园的让你能够平静学习的地方。

当你已经有了学习所需的时间和场所，还需要确保自己有想要学习的心态。如表 3 和表 4 的第五行所总结的，消除担忧的习惯能让你免于忧虑或产生负面想法，使你将注意力集中在要学习的材料上。针对于此，你可以默念："我要从焦虑中解脱出来。"必须承认的是，如何处理你内心的担忧，这是一项不能光靠告诉自己"不要担忧"就能完成的艰巨任务。然而，若你放任负面思绪在学习期间主宰头脑，那么你学懂知识的概率就会极大地下降。只是投入时间是不够的，要成为一名成功的学生，你需要的是投入高效的时间——你能把精力投入到所学材料上。

无独有偶，表 3 和表 4 的第六行所总结的专心致志的习惯告诉我们，要把注意力集中在学习上而不是让它神游四方。一名成功学生应该会想："我要专心致志。"注意力对于成功的学习来说是无比重要的珍贵资源。虽然掌握如何在学习中管理注意力是一项需要耗时多年的巨大挑战，但它也是成为成功学生的核心管理习惯。

培育生成学习的十个学习好习惯

你已经为学习创造了强大的动机与良好的机会，接下来你需要掌握一些有助于提升学习能力的高效策略。表5和表6所罗列的十个成功学生的学习习惯都有助于你掌握生成学习——一种基于深度理解的学习模式。在生成学习中，你会有意识地关注课堂中的相关材料（对应认知过程中的选择阶段），并将其有意识地组织成一套适合你的连贯体系（对应认知过程中的组织阶段），同时把当前所学与先前所学的、基于长时记忆的相关知识相整合（对应认知过程中的整合阶段）。这十个学习好习惯（或者学习策略）都旨在完善认知过程的三个阶段。

表5 成功学生的十个学习好习惯

名　　称	涵　　义	自　　勉
复读澄清的习惯	当你重新阅读在文章中需要澄清的部分时，会学得更好。	我要重读难点。
划出重点的习惯	当你在材料中正确划出了重点时，会学得更好。	我要划出重点。
提前习得的习惯	当你提早知道关键术语时，会学得更好。	我要掌握关键术语。
善作小结的习惯	当你能够自己总结一节课的主旨时，会学得更好。	我要善于总结。

续　表

名　称	涵　义	自　勉
结构映射的习惯	当你为一节课的材料整理了一份大纲(或者结构映射)时，会学得更好。	我要拟写大纲(或结构映射)。
绘制图示的习惯	当你画出可以描述文字的简图时，会学得更好。	我要绘制图示(画心理图像)。
自我检查的习惯	当你基于学习的材料出题给自己练习时，会学得更好。	我要自我检查。
自我解释的习惯	当你用自己的语言把核心内容解释给自己听时，会学得更好。	我要自我解释。
乐于教人的习惯	当你可以向别人解释自己学习的内容时，会学得更好。	我要为人解惑。
具身体验的习惯	当你在学习时参与和任务有关的活动时，会学得更好。	我实践,我体验。

表6　成功学生的学习好习惯示例

名　称	一般做法	具体例子
复读澄清的习惯	当你发现有一个句子读不懂的时候，停一下，重新读几遍，直到你弄懂了。	你读到一篇课文中一句话:"练习用脑之后，脑力活动的消耗将会下降。"一开始，你认为脑力消耗应该上升才对，所以你重新读了一遍这个句子，并且找到了一句与其相关的句子都助你理解。

续　表

名　称	一般做法	具体例子
划出重点的习惯	当你遇到一个重要的语词或者信息的时候，把它划出来做重点标注。	在一个实验过程中，用黄色的记号笔画出每一个步骤，并且在步骤前写上序号。
提前习得的习惯	识别关键词和相应概念，并且确保你已经熟悉并掌握了。	为一个章节准备一些卡片，在卡片的一面写下关键词，背面写下这些词汇的定义。
善作小结的习惯	用自己的语言总结这一课的主旨。	阅读自己的课堂笔记，写下可以总结主旨的段落。
结构映射的习惯	为一节课的内容拟写一份大纲或者知识图谱。	当你在阅读课本的时候，整理一个可以展示这堂课的主要元素的大纲、模型、知识点的层级体系或者流程图。
绘制图示的习惯	用绘图或者想象描绘文字内容。	当你在学习神经元的时候，把神经元画出来并且标注它的主要组成部分。
自我检查的习惯	基于学习内容给自己出题加以检测。	当你学习完神经元之间的传递系统之后，合上书，写下你能想起来的知识点。
自我解释的习惯	用自己的语言向自己解释学到的内容。	拿出课堂笔记，自己解释神经元系统是如何运作的。
乐于教人的习惯	向他人解释自己学到的内容。	在一个学习小组里，其中一个成员不明白神经元系统的运作方式，所以你向她简单地解释了这个知识点。

名　称	一般做法	具体例子
具身体验的习惯	在学习过程中加入与知识点相关的动作。	就神经元的传输，每一个步骤你都用一个手势进行代表。

这十个学习好习惯——复读澄清、划出重点、提前习得、善作小结、结构映射、绘制图示、自我检查、自我解释、乐于教人、具身体验，都对应了本书第三部分"学习途径"的内容。如果你没有养成这些高效的学习习惯，那么你就面临着因死记硬背教材笔记，学而不思而带来的学习失败的风险。对于十个学习好习惯，如果你能博采众长，那就掌握了如何成功进行深度学习的利器，而这也就是前文所说的"生成学习"。运用相对应的一个或者几个学习好习惯来完成学习任务也同样是一种成功的学习方式。

表 5 和表 6 列举的前三个成功的学习好习惯是非常常见的，而且你也可能正在运用复读澄清、划出重点、提前习得（比如用抽认卡）。然而，当你把这些技能与表格中其他强大的策略相互结合时，你就能使上述三个习惯变得更为有效。让我们通过解析这"三个常见的"学习方法来进一步说明下吧。

如表 5 和表 6 的第一行所示，重读哪些需要澄清的材料是一项常用的阅读习惯。为了通过反复阅读来培养生成学习，你应该尽力去寻找教材章节与课堂笔记中还不理解或仍需进一步理解的地方，并确保自己反复阅读。作为一名成功的学生，你应该时刻提醒自己："我要重读难点。"
为了发挥其最大功效，你也可以把这一习惯与其他诸如自
我解释或者善作小结的技能相结合（稍后在表 5 和表 6 中
讨论）。反观这一习惯，为了提高效率，你或许不能以相同
的权重盲目地重读所有的内容，因为这是一名失败学生的
习惯。

如表 5 和表 6 的第二行所示，划出重点，比如在阅读
时划线或者使用其他标记方法也是另一种常用的学习好习
惯。在用划出重点的方法进行生成学习时，注意要在教材
的章节或者上课的笔记中勾画最重要的内容。作为一名成
功的学生，你要牢记："我要划出重点。"为了增强划出重
点的效果，你应该与其他学习习惯相结合，比如为你写材
料的总结提供帮助（善作小结的习惯）；为你所学材料拟写
大纲或迷你概要提供帮助（结构映射的习惯）；帮助你构建
自我检查的基础（自我检查的习惯）；或者帮助你自己解释
材料（自我解释的习惯）。为了让其充分发挥作用，你或许
应该谨慎地划出重点。划出重点是为了帮助你挑选与组织
材料，从而让你能够从中找到最重要的内容。如果整本书
都画满了各种重点标记，那你就难以从划出重点中受益，
你也因此踏上了一条失败学生的道路。

另一个常用的学习好习惯是使用抽认卡，在表 5 和表
6 第三行进行了描述。在提前习得中，你的目标是记住那
些核心术语以及解释或者特性。作为一名成功的学生，你
要鼓励自己："我要掌握关键术语。"举个例子，在制作抽
认卡时，你可以把术语写在一面，然后把解释写在另一面。

掌握这些核心术语能够帮助你更好地理解书本或者教材中的注释，因为你不再需要用管窥蠡测的姿态去揣摩术语的意思。记住这些解释只是成功学习的第一步，因为你也要运用表5和表6的其他学习习惯来保证你对材料的深度理解。如果你所做的只是死记硬背，那无疑是徒劳无功。

表5和表6接下来介绍的三个成功的学习习惯包括了将文字（书本与笔记中的）转化为其他形式，比如一篇简洁的小结（善作小结的习惯），拟写大纲或导图（结构映射的习惯），图示表达（绘制图示的习惯）。前两种学习好习惯包含了常用的一些技能——做笔记与拟大纲。你或许已经以某些方式运用这些技能了，但本书会介绍这几种方法最为有效的使用方法。

作为一名成功的学生，用自己的话作总结是你可以采用的最为有效和简洁的学习习惯之一。就如表5和表6的第四行所示，通过写一篇简洁的概要或是口头进行简短的概述，对课堂上讲述的核心思想善作小结。你需要提醒自己："我要善于总结。"当概括提炼能够帮助你把注意力集中在重要的材料上时（认知过程中的选择阶段），帮助你构建一个适合自己的完整知识框架时（认知过程中的组织阶段），并自行将其与先前所学相联系时（认知过程中的整合阶段），概括提炼就发挥了自身的作用。大纲不能一字一句地重复抄写材料中的内容，因为它会妨害概要的高效性。你或许觉得写大纲无非是记笔记，但它实际上是一种注重于核心要点并把它们通过自己的语言组织成一个完整总结的特殊笔记。

结构映射也是帮助你成为成功学生的强有力工具。正如表 5 和表 6 中第五行所示，结构映射会把上课所学的主要观点给出类似纲要式的或者结构映射（例如层级式、矩阵式或者流程图式）的空间安排。你要时刻提醒自己："我要拟写大纲（或结构映射）。"大纲作为最为常见的导图形式，你或许已经在拟写了。之后，它能够增强你对于材料的理解力，而且你也可以通过与其他学习好习惯相结合的方式来提高效率，例如用自己的话总结或是自己解释材料。学习如何设计结构映射或许会花一点时间，但作为自己对材料组织整理的体现，对你大有裨益，尤其是它仅用于核心知识架构，比如层级表、矩阵表或者是流程表时。它的目标是帮助你筛选重要的材料，并将其组织起来以便与先前所学的知识相关联。当你无法辨别什么材料比较重要时，大纲就显得不那么高效了，所以在开始之前，你需要一定的指导与训练。

下一个学习好习惯——绘制图示——这是一个不太常用的方式（其近亲是"联想要义"，更不常见），但它对你有很大帮助，尤其是对于被完整描绘的文字（比如人体循环系统的组成部分）或因果系统如何工作（如人体循环系统的工作方式）。如表 5 和表 6 的第六行所述，你会画出一些绘制关键材料的插图，并以"我要绘制图示"进行自勉。"我要画心理图像"代表的是：绘制图示的近亲是联想要义，你需绘制一个描绘文本的心理图像（就像绘制图示一样）。绘制图示有助于启动认知过程中的选择（即弄清楚在你的图片中要放什么）、组织（即在页面上安排每一个部分的位置）和整合（即运用你以前的知识将文字转换成图形）。你可能需要一些培训和指导才能充分受益于用图示表达理解这一习惯。此外，如果你在绘制图示的技巧方面投入太多的脑力，那么绘制图示可能会很麻烦，因此你应该保证绘制图示足够简单，容易绘制。

表5和表6中接下来介绍的成功学习的四个学习好习惯包括：解释材料，如回答实际的问题（即自我检查的习惯）；自己解释材料（即自我解释的习惯）；向他人解释材料（即乐于教人的习惯）；用具体的物体展示材料（即具身体验的习惯）。

自己做尝试练习加以检测是一个非常有效的学习好习惯，因为你正在模拟即将面对的测试，这包括了从记忆中检索相关材料并使用它这一步骤。如表5和表6的第七行所示，自测包括在学习完材料后回答练习问题。你可能已经使用了表5和表6中的一些其他的学习习惯，例如复读澄清、划出重点或善作小结，但是通过自我测试，现在你正在练习回答一些可能会在考试中出现的问题。"我要自我检查"是你的自勉话语。如果你能学会自我检查，并且愿意努力养成这一习惯，那么你在取得学业成功的道路上就已经走得很好了。在自我检查中，你可能需要一些训练和指导，但通过实践和指导，你可以将这个学习好习惯磨炼到极致。在我看来，这很值得你努力。

自我解释的习惯（通常基于之前的划出重点或结构映射）是我个人最喜欢一个习惯。如表5和表6的第八行所示，在自我解释中，你仔细阅读笔记或课本，并向自己解释这些材料。你可以大声地说出来，就像给自己讲课一样。你在执行"我要自我解释"。你需要在解释的内容上有所选择，专注于重要的系统性知识或复杂的想法，以及最初让你困惑的地方。你需要运用符合个人需求和风格的自我解释习惯，但是即使你只是偶尔使用它，它也能提高学习能力，成为你学习好习惯的一个有力的补充。

你可能会参加一个可以向别的学生解释一些重要材料的学习小组。如果是这样，你不仅在帮助同伴，也在促使自己更好地理解材料。根据表 5 和表 6 第九行的习惯，当你向他人解释材料时，你会学习得更好。当你乐于教人时，你的自勉是："我要为人解惑。"向他人解释会使你明白你在说什么（即选择），如何组织语言（即组织），以及如何用他人能理解的方式解释它（即整合）。有些人宁愿独自学习，也不愿意和其他人一起学习。有时学习小组也可能退化成与学习无关的组织。然而，适当地建立协作学习，团队中的每个人都经过培训并努力使其发挥作用，这种方式使学习更有效。

最后，表 5 和表 6 中的第十行描述了具身体验的习惯，在这种习惯中，你参与同任务相关的重要活动。有时候，具身体验的习惯涉及操作实物，这印证了"我实践，我体验"这句自勉。具身体验的习惯对你来说可能是全新的，除非你上过蒙台梭利学校，在那里你会学习用具体的物体代表数学概念。例如，为了理解计算机程序是如何工作的，你可以执行程序中的每个步骤，像是在模拟内存空间中写入一个数字，或者将指针从第一个命令移动到下一个命令。

一开始，养成具身体验的习惯似乎很难，但我认为你会最终发现它很有趣，有助于使抽象的想法具体化。

如何不断进步？

如果你看到了这里，我知道你已拥有成为一名成功学生的特征了。尽管这本书旨在改善你的学习习惯，我想让你知道，学习好习惯是随着不断付诸努力而逐渐培养的。一旦养成了一个适合自己的学习好习惯，你就可以对它进行改进和调整，使它不断精进。你可以寻找新的学习好习惯，也许是通过借鉴对别人有用的方法，或者通过继续阅读学习技能。我在本章末尾推荐了一些阅读资料，供你参考。

取得学业成功——本书的宗旨，这仅仅是一个开始。我希望你成为一个终身学习者，一个在学校、工作和生活中对学习新事物充满好奇心和兴趣的人。当你遇到一个你想了解的话题时，你需要拥有一个促进自己达成目标的学习好习惯。这本书中描述的 20 种学习好习惯不仅适用于在学校学习，而且对日常生活或工作都有好处。提高学习能力是值得一生为之努力的目标。

成为一名更好的学习者不仅需要养成有效的学习好习惯，还需要了解何时使用它们以及如何调整完善以适配自己。当你关注自己的学习进展，并相应地调整你正在做的事情时，你正在进行"元认知"（metacognition）——思考你自己的认知过程。这将使你走上成为一名"自我调节学习者"（self-regulated learner）的道路——一个负责管理自己学习的人。阅读这本书就是迈出成为一名自我调节的学习者的坚实一步。

当教学从纸质书籍转移到网络课程时，你的学习好习惯应该保持不变，但是你实施的方式可能会有一点改变。你可以在笔记本电脑、平板电脑或手机上阅读电子书，而不是阅读课本。你可以在家里用个人设备观看视频教程，而不是坐在教室里听老师授课。你可以在线完成并提交作业，而不是手写家庭作业。你可以参加一个在线课程，通过在线辅导系统学习，或者玩一个互动模拟游戏作为传统课程的补充。开发人员正在研究如何在计算机环境下开发对传统学习策略进行补充的智能方法。例如，你可能熟悉用于划出重点和记录在线课程的在线系统，或者你可能知道一些允许你搜索和衍生视频讲座的应用软件。在接下来的几年里，需要一些研究来确定如何更好地使用这些在线学习辅助工具，所以你需要保持关注。

如果你好好利用这本书，你就可以使自己更聪明。智力通常被定义为学习的能力，这本书旨在提高你作为一个学习者的效能，所以阅读这本书是为了帮助你变得更聪明。你的智力，包括学习能力是你在学校、工作和生活中取得成功的最重要的资产之一。也就是说，你致力于努力工作，坚持学习和思考（称为"流体智力"，fluid intelligence），以及通过学习获得的知识能力（称为"晶体智力"，crystallized intelligence）帮助你成功地完成想要完成的任务（Martinez，2000，2013；Pellegrino et al.，2012）。如果这本书帮助你成为一名更好的学习者，那么它就是一本成功的书。

参考文献

Martinez, M. E. (2000). *Education as the cultivation of human intelligence.* Mahwah, NJ: Erlbaum.

Martinez, M. E. (2013). *Future bright: A transforming vision of human intelligence.* New York: Oxford University Press.

Pellegrino, J. W., & Hilton, M. L. (2012). *Education for life and work: Developing transferrable knowledge and skills in the 21st century.* Washington, DC: National Academies Press.

推荐阅读文献

以下是我推荐的有关学习技能的部分图书与论文。

Ambrose, S. A., Bridges, M. W., DiPiertro, M., Lovett, M. C., & Norman, M. K. (2010). *How learning works.* San Francisco: Jossey-Bass.

Boser, U. (2017). *Learn better.* New York: Rodale.

Bourne, L. E., & Healy, A. F. (2014). *Train your mind for peak performance.* Washington, DC: American Psychological Association.

Brown, P. C., Roediger, H. L., & McDaniel, M. A. (2014).

Make it stick: The science of successful learning. Cambridge, MA: Harvard University Press.

Dunlosky, J., Rawson, K. A., Marsh, E. J., Nathan, M. J., & Willingham, D. T. (2013). Improving students' learning with effective learning techniques: Promising directions from cognitive and educational psychology. *Psychological Science in the Public Interest,* 14 (1), 4–58.

Fiorella, L., & Mayer, R. E. (2015). *Learning as a generative activity: Eight learning strategies that promote understanding.* New York: Cambridge University Press.

Miyatsu, T., Nguyen, K., & McDaniel, M. A. (2018). Five popular study strategies: Their pitfalls and optimal implementations. *Perspectives on Psychological Science,* 13, 390–407.

Pashler, H., Bain, P. M., Bottge, B. A., Graesser, A., Koedinger, K., McDaniel, M., & Metcalfe, J. (2007). *Organizing instruction and study to improve student learning.* (IES Practice Guide, NCER 2007–2004). Washington, DC: National Center for Education Research.

Weinstein, C. E., & Mayer, R. E. (1985). The teaching of learning strategies. In M. C. Wittrock (ed.), *Handbook of Research on Teaching* (3rd ed; pp. 315–327). New York: Macmillan.

译后记

　　"习惯是一件太可怕的事情""习惯成自然""一万小时定律"，所有人的生活都有其明确的形态，但其实都是由各种各样的习惯组成的，我们每天做出的大部分选择都是习惯的结果。杜克大学 2006 年发布的研究报告表明，人每天有 40% 的行为并不是真正由决定促成的，而是出于习惯。"学习习惯"在学业表现等方面当然扮演着举足轻重的角色。"你手头的这本书旨在帮助你成为一名成功的大学生。"这是本书前言的第一句话，也是促使我完成本书翻译的原动力。作为一名教师、一名学习者，我迫切地想了解成为成功的学生"诀窍"是什么。本书旨在解码成功学生所应具备的好习惯。本书中的各个章节以一个个实例并具体从为什么（动机）、怎么样（机会）、如何（途径／策略）三个角度，突破性地从学生的视角审视学习，带领我们掌握习惯，重塑能力，获得成功。

　　本书作者理查德·E. 梅耶是美国加州大学圣巴巴拉分校杰出的心理学教授，他被称为当代教育心理学界最具有生产力的教育心理学家，他一直致力于学习科学在教育中的应用。他在多媒体学习、计算机支持学习和计算机游戏学习方面作出了重大贡献。他的研究处于认知、教学和技术的交叉点，尤其侧重于如何以新的方式帮助人将所学的知识转移到新的情境之中。梅耶在人如何学习认知科学理论的基础上，开发了一种与在线教学设计相关的多媒体学习认知理论。在过去的 20 年中，他和同事们已经进行了100 多个实验，从而为如何设计在线学习环境和基于计算机的游戏提供了 12 项以研究为基础的学习原则。他现在将这项工作扩展到计算机游戏的设计，通过学习和使用诸如礼貌语言和手势等社交线索来提高学习动机。

"学习科学"作为一门交叉学科，崛起的时间还不算很长，用比较通俗的说法就是在传统心理学的基础上，增加了脑科学的研究，不再停留于人类学习 A 与 B 之间的（例如实验前与后）的差异，而是具体研究 A 到 B 的过程。学习科学可以说开辟了全新的天地，学习科学的研究成果支撑、确定、修订、改进了一些传统的教学观念，也开创了一些新的教学理念。学习科学的根本原理是：人脑是可塑的，是人的活动在塑造人脑。本书便是基于学习科学的证据支撑的成果，因而 20 个好学习习惯不是偶得的，是有效的，更是有科学依据的。

当我问周围的亲朋好友"你为什么学习"时，我的朋友说她一直渴求成长。我先生的答案是：为了更好地认知这个世界，更好地认识自己，更好地应对工作。我的一位前辈说：因为好奇和兴趣，学习给了这些好奇无限的答案。"以终为始"，想明白为什么学习。此处，无论是狭义亦或广义的学习，以及从小直至终身的过程，都值得我们深入思考和探究：如何让它变得更好、更成功？因而，赋予学习以价值是最好的开始。

2018 年，哈佛大学经济学博士、人类发展和社会政策教授齐拉博·杰克逊（Kirabo Jackson）在其《考试成绩遗漏了什么？》中公布了自己对美国北卡罗来纳州公立学校的学生进行的一项实验研究的结果：比起考试成绩，学生行为是其将来成功的更好的预测因素。这里是否可以解读为"好的学习行为必定会带来好的学业表现"，那么"好的行为形成的学习好习惯必定会带来好的学业表现"呢？学习是由经验 / 经历而引发的能动的过程。学习可以通过间接经验——如由一群教育家、学科专家编好的课本知识来学习，更可由个体的直接体验引发。我可以学得更好，只要培养更好的习惯。我们，作为老师和学生，往往更多地关注学习什么，却忽略了如何学习；更多地关注学习成绩，却忽略了学习习惯对学习品质的影响。书中介绍的成功学习者的 20 个好习惯，都提供了一个场景、一个练习和一种学习好习惯的描述，很多场景我都感觉如一部录影机在回放我自己学习亲历的故事。就在翻译此书的过程中，我也在不断地尝试书中提到的好习惯。例如：根据动机习惯"设定目标"，给自己提出完成的节点，"穿插交错"着完成自己的论文写作和翻译工作，把自己新发现的好文章"乐于教人"分享给我的学习伙伴等。因而，此书的翻译，可以说是"手把手"教我养成了诸多好习惯，相信你也会从中收获很多。

完成这本书翻译之时，正值新冠疫情在全球肆虐，为了更好地抗击疫情，我所在的浙江省乃至全国都一而再、再而三地延迟开学，全民也都在关注在线学习，这无疑是对学生、家长、教育、社会的一场大考。危机时期的学习，线上线下，在离开了教室，无法与老师面对面，甚至有些孩子的父母都坚守在抗疫一线的情况下，孩子们如何独自面对学习？如何了解学习的真正意义？这无疑是对学生、家长、教育、社会的一场大考。这场危机导致的"暂停"，就有了帮助我们更好出发的可能。什么是真正的"学会学习"？这个特殊的时期提醒我们展开新的审视。答案可以很复杂，或者很简单："学会学习"的关键指标，理应是学习者面向未来，具备"自主学习、终身学习的意识、习惯和能力"。一场疫情，让我们每一个教育人都被迫处在了"空白时间"与"深度思考"中："我们的国家正在齐心协力地抗争当中，我与国家的命运正紧紧地联系在一起。孩子们不是局外人，现在不是，未来更不是。"希望本书的出版能为更多的学习者提供更好的"好习惯"集合，让他们在面对未来更多的挑战时，从容不迫，获得成功。

我负责本书的整体翻译，我的导师浙江大学教育学院的盛群力教授负责审校。我任教过的杭州绿城育华学校2017届的三位学生负责本书的初步翻译：浙江工业大学建筑工程学院2017级建筑学系的徐贤得同学负责本书第一部分和结论的初译；美国弗吉尼亚大学文理学院的陈羽芊同学负责本书第二部分的初译；北京大学新闻与传播学院2017级徐晓莹同学负责本书第三部分的初译。我的学生、我和我的导师，三代人，一本书，因而这段特殊时期、这段特别经历、这本探求成功的书必定是一生难忘的。

习惯始于点滴，长于循环往复。本书提供的 20 个学习好习惯仅仅是一个起点。在阅读、实践、修正的过程中，我们会不断正视，形成正向的惯性，踏上成功学习者的通途。

2021 年 1 月于杭州

图书在版编目（CIP）数据

成功学生的 20 个好习惯：来自学习科学的证据／（美）理查德. E. 梅耶著；崔昕等译 . —上海：华东师范大学出版社，2021

ISBN 978 - 7 - 5760 - 2294 - 0

Ⅰ.①成…　Ⅱ.①理…②崔…　Ⅲ.①学习方法　Ⅳ.① G791

中国版本图书馆 CIP 数据核字（2021）第 254493 号

大夏书系·培养学习力译丛　盛群力　主编

成功学生的 20 个好习惯
—— 来自学习科学的证据

著　　者	［美］理查德·E·梅耶
译　　者	崔　昕　等
审　　订	盛群力
策划编辑	李永梅
责任编辑	张思扬　薛菲菲
责任校对	杨　坤
封面设计	奇文云海·设计顾问

出版发行	华东师范大学出版社
社　　址	上海市中山北路 3663 号　邮编　200062
网　　址	www.ecnupress.com.cn
电　　话	021 - 60821666　行政传真　021 - 62572105
客服电话	021 - 62865537
邮购电话	021 - 62869887　地址　上海市中山北路 3663 号华东师范大学校内先锋路口
网　　店	http：//hdsdcbs.tmall.com/

印 刷 者	北京密兴印刷有限公司
开　　本	700×1000　16 开
印　　张	11.5
字　　数	115 千字
版　　次	2023 年 1 月第一版
印　　次	2023 年 1 月第一次
印　　数	6 000
书　　号	ISBN 978 - 7 - 5760 - 2294 - 0
定　　价	49.80 元

出 版 人	王　焰